쉽게 따는
1단계 8급 한자

■ 저자 | 장개충

• 저서:

「가나다 활용옥편」, 「新1800 상용한자」,

「正統 漢子敎本」 등 편저(혜원출판사)

「고사성어·숙어 대백과」 편저(명문당)

「2350 字源漢字」 편저(느낌이 있는책)

외 10여편.

• 현재, 좋은세상 출판기획사 대표

쉽게 따는
1단계 8급 한자

개정판 1쇄 발행 · 2010년 8월 27일
개정판 7쇄 발행 · 2025년 2월 10일

지은이 · 장개충   **감수** · 홍진복
편 집 · 김수정   **디자인** · 유정화
삽 화 · 김동문
펴낸이 · 김표연
펴낸곳 · (주)상서각
등 록 · 2015년 6월 10일 (제25100-2015-000051호)
주 소 · 경기도 고양시 일산동구 성현로 513번길 34
전 화 · (02) 387-1330
F A X · (02) 356-8828
이메일 · sang53535@naver.com
ISBN 978-89-7431-524-5(63710)

쉽게 따는
1단계 8급 한자

상서각

이 책을 보는 어린이와 학부모님께

한자 공부의 길잡이

먼 옛날부터 우리 조상들은 한자를 우리 문자로 받아들여 오랫동안 역사를 가꾸고 찬란한 문화를 꽃피워 문화 선진국으로 발돋음하게 되었습니다.

우리가 사용하는 일상용어의 70% 이상이 한자로 되어 있기 때문에 한자 학습은 우리 국민 누구에게나 필수적이라 할 수 있습니다.

한자가 언제 누구에 의해서 만들어졌는지는 정확히 밝혀져 있지 않으나 오천여 년 전에 중국 고대의 창힐이라는 사람이 새의 발자국을 보고 한자의 모양을 생각해 내었다는 전설이 있습니다. 그러나 일반적으로 나라의 점을 치던 사람들이나 뒷날 역사를 기록하던 사람들에 의해 만들어지고 변화, 발전되어 왔다고 보고 있습니다.

처음 만들어진 글자들은 그림과 같아서 모난 것이 없고 주로 곡선으로 이루어져 있었습니다. 예를 들면, 日(일)의 처음 모양은 '해'를 본떠 하나의 동그라미(⊖)였고, 月(월)은 반동그라미(ᗞ), 川(천)은 골짜기에서 흐르는 물, 내(⫴)를 본떴습니다.

초기의 문자는 자연물을 그린 것이었으나 문명이 발달하고 생활 영역이 넓어지면서, 자연물의 특징을 간략하게 표현하거나 기호를 사용하고, 또한 한자와 한자를 결합하여 새로운 한자를 만들어 썼습니다.

한자능력검정시험은 필수적

한자능력검정시험은 일상생활에서의 필수 한자를 얼마나 많이 알고 이해하는가를 검정하고, 사회적으로 한자 활용 능력을 인정받는 제도입니다.

이 책은 8급에서부터 단계별로 풀어 갈 수 있도록 한자의 쓰임과 한자의 유래, 자원(한자의 구성 원리) 풀이, 부수 및 필순 익히기, 학습에 도움이 되는 용례 풀이와 간체자(중국의 문자 개혁에 따라 자형字形을 간략하게 고친 한자)를 충실히 다루었을 뿐만 아니라, 핵심 정리와 예상 문제 및 실전 문제를 함께 수록하여 한자의 뜻을 폭넓게 이해하고 확실히 깨칠 수 있도록 하였습니다.

모쪼록 여러분의 앞날에 무궁한 발전과 하고자 하는 모든 일이 함께 이루어지길 기원합니다.

쉽게 따는 1단계 8급 한자의 구성과 활용법

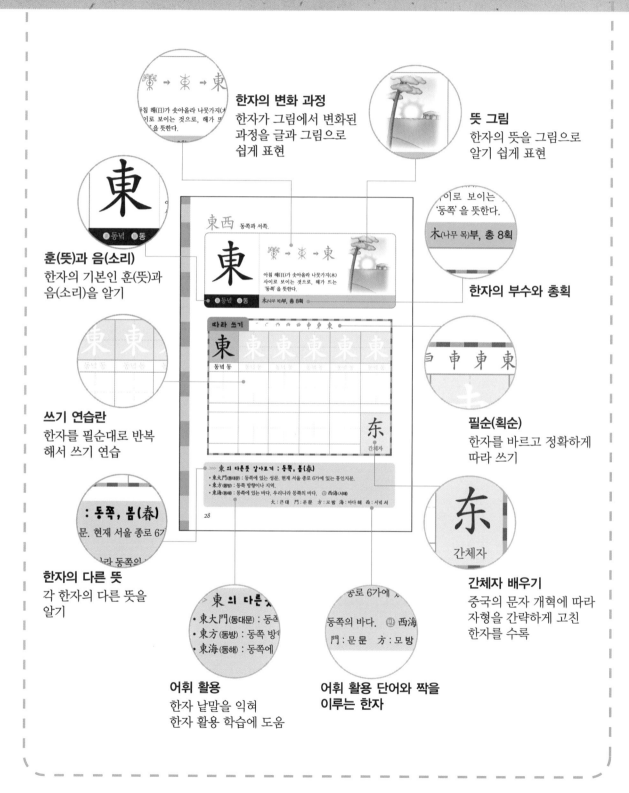

한자의 변화 과정
한자가 그림에서 변화된 과정을 글과 그림으로 쉽게 표현

뜻 그림
한자의 뜻을 그림으로 알기 쉽게 표현

훈(뜻)과 음(소리)
한자의 기본인 훈(뜻)과 음(소리)을 알기

한자의 부수와 총획

쓰기 연습란
한자를 필순대로 반복해서 쓰기 연습

필순(획순)
한자를 바르고 정확하게 따라 쓰기

한자의 다른 뜻
각 한자의 다른 뜻을 알기

간체자 배우기
중국의 문자 개혁에 따라 자형을 간략하게 고친 한자를 수록

어휘 활용
한자 낱말을 익혀 한자 활용 학습에 도움

어휘 활용 단어와 짝을 이루는 한자

고사 · 숙어 익히기 1, 2
그림과 함께 고사 · 숙어를 쉽고 재미있게 익힙니다.

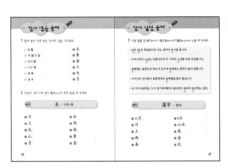

한자 연습 문제 · 한자 실전 문제
각 장에서 배운 한자를 다양한 문제 풀이 방법으로
복습합니다.

8급 한자 다시 쓰기
8급 한자에서 배운 한자 50자를 다시 한번 쓰면서
복습합니다.

한자능력검정시험 8급 예상 문제 및 실전 문제
한자능력검정시험 8급 예상 문제와 실전 문제를
구성하여 실제 시험과 똑같은 답안지에 답을 쓰면서
실전 감각을 익힐 수 있습니다.

차례

쉽게 따는 1단계 8급 한자

한자는 뜻글자(표의 문자)이다!

'한자'는 뜻을 단위로 하여 만들어진 '뜻글자'이므로 각 글자마다 모양(형 : 形) 과 소리(음 : 音)와 뜻(훈 · 새김 : 訓, 의 : 義)으로 이루어졌습니다.
이를 한자의 '3요소'라고 합니다.

〈水(물 수)의 3요소〉

漢字	모양(형상)	天	日	月	山	水	川
	소리(음)	천	일	월	산	수	천
	뜻(새김)	하늘	해·날	달	메	물	내

이 원리(한자의 짜임)를, 육서(六書)라고 하는데 다음과 같이 분류합니다.

(1) 상형문자(象形文字)

자연이나 구체적인 물체의 형상을 본떠서 만든 글자.

① 해의 모양을 본뜬 글자로, '해' 또는 '날'의 뜻으로 사용됨.

　　　　→　口　→　⊙　→　日　→　日(날 일)

② 산의 모양을 본뜬 글자로 '산'의 뜻으로 사용됨.

　　　　→　⋀⋀⋀　→　⋓　→　山　→　山(메 산)

(2) 지사문자(指事文字)

'숫자', '위', '아래', '처음', '끝' 등과 같이 구체적인 모양으로 나타낼 수 없는 한자를 점(·)이나 선(—) 같은 기호를 사용하여 만든 글자.

① 기준이 되는 선 위에 점으로 표시하여 '위쪽'의 뜻을 나타낸 글자.

　　　　→　　　→　⊥　→　上　→　上(윗 상)

(2) 나무의 가지 끝 부분에 점을 찍어 '끝'이란 뜻을 나타낸 글자.

　　　　→　　　→　朩　→　末　→　末(끝 말)

(3) 회의문자(會意文字)

이미 만들어진 글자의 뜻과 뜻이 합쳐져서 새로운 뜻을 나타낸 글자.

木(나무 목) + 木(나무 목) ➡ 林(수풀 림)

日(해 일) + 月(달 월) ➡ 明(밝을 명)

(4) 형성문자(形聲文字)

'뜻'을 나타내는 글자와 '음(音 : 소리)'을 나타내는 글자로 결합하여 새로운
'뜻'과 '소리'를 지닌 글자.

水(물 수) + 靑(푸를 청) ➡ 淸(맑을 청)

口(입 구) + 未(아닐 미) ➡ 味(맛 미)

(5) 전주문자(轉注文字)

이미 있는 글자 본래의 의미가 확대되어 전혀 다른 음과 뜻으로 나타낸 글자.

樂 : 노래 악(音樂 : 음악), 즐길 락(娛樂 : 오락), 좋아할 요(樂山樂水 : 요산요수)

惡 : 악할 악(惡人 : 악인), 미워할 오(憎惡 : 증오)

(6) 가차문자(假借文字)

글자의 뜻에 상관없이 한자의 발음만을 빌려서 다른 뜻으로 나타낸 글자.

堂堂(당당) : 의젓하고 거리낌이 없음

丁丁(정정) : 나무 찍는 소리

亞細亞(아세아) : Asia

巴利(파리) : Paris

'부수(部首)'란 무엇인가?

한자는 자전(字典 : 옥편)에서 찾아야 합니다. 자전은 한자를 쉽고 빠르게 찾을 수 있도록 공통점이 있는 한자끼리 묶어 놓았는데, 이 공통적으로 들어가는 기본 글자를 '부수(部首)'라고 합니다.
한자는 대체로 부수와 몸이 합쳐져 만들어졌기 때문에, 부수를 알면 자전을 찾을 때 편리할 뿐만 아니라, 한자의 뜻을 쉽게 파악할 수 있습니다.
부수로 쓰이는 기본 글자는 모두 214자입니다.

부수의 위치와 이름

부수 글자는 자리하는 위치에 따라 그 이름이 각각 다릅니다.

글자의 위쪽에 있는 부수 : 머리

- 宀 : 갓머리(집 면) ➡ 家(집 가), 安(편안 안)
- ⺿(艸) : 초두머리(풀 초) ➡ 花(꽃 화), 草(풀 초)
- ⺮(竹) : 대 죽 ➡ 答(대답 답), 算(셈 산)

글자의 왼쪽에 있는 부수 : 변

- 亻(人) : 사람인변 ➡ 仁(어질 인), 代(대신 대)
- 禾 : 벼 화 ➡ 科(과목 과), 秋(가을 추)
- 氵(水) : 삼수변 ➡ 江(강 강), 海(바다 해)

글자의 아래쪽에 있는 부수 : 발 · 다리

- 儿 : 어진사람인 ➡ 兄(형 형), 光(빛 광)
- 灬(火) : 연화발(불 화) ➡ 烈(매울 렬), 然(그럴 연)
- 心 : 마음 심 ➡ 意(뜻 의), 感(느낄 감)

글자의 오른쪽에 있는 부수 : 방

- 刂(刀) : 칼도방 ➡ 刊(새길 간), 刑(형벌 형)
- 阝(邑) : 우부방 ➡ 郡(고을 군), 邦(나라 방)
- 卩 : 병부절방 ➡ 印(도장 인), 卯(토끼 묘)

글자의 위와 왼쪽을 덮고 있는 부수 : 엄

- 广 : 엄호(집 엄) ➡ 序(차례 서), 度(법도 도, 헤아릴 탁)
- 尸 : 주검 시 ➡ 居(살 거), 局(판 국), 屋(집 옥)

글자의 왼쪽과 아래를 덮고 있는 부수 : 받침

- 廴 : 민책받침(길게 걸을 인) ➡ 廷(조정 정), 建(세울 건)
- 辶(辵) : 책받침(쉬엄쉬엄 갈 착) ➡ 近(가까울 근)

글자의 전체나 일부분을 에워싸고 있는 부수 : **몸**

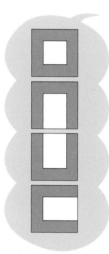

- 口 : 큰입 구(에운 담) ➡ 四(넉 사), 國(나라 국)

- 門 : 문 문 ➡ 開(열 개), 間(사이 간)

- 凵 : 위튼입구(입벌릴 감) ➡ 出(날 출), 匈(흉할 흉)

- 匚 : 터진입구몸(상자 방) ➡ 匠(장인 장), 匜(널 구)

글자 자체가 부수인 글자 : **제부수**

- 木 (나무 목)　　車 (수레 거·차)　　馬 (말 마)
- 心 (마음 심)　　金 (쇠 금, 성 김)

자전에서 한자 찾기

부수로 찾기 – 찾고자 하는 한자의 부수를 알아내고, 부수 색인란을 통하여 쪽수를 확인한 뒤, 총 획수에서 부수를 뺀 나머지 획수를 세어 그 글자를 찾습니다.

한자의 음을 이용해서 찾기 – 찾고자 하는 한자의 음을 알고 있는 경우에는 자음 색인에서 해당 한자를 찾아 그 아래에 적힌 쪽수를 펼쳐서 찾습니다.

한자의 총 획수를 이용해서 찾기 – 찾고자 하는 글자의 부수나, 음을 모를 경우에는 그 글자의 총획을 세어 총획 색인에서 해당 한자를 찾습니다.

필순(筆順)이란?

글씨를 쓸 때 붓을 놀리는 차례. 곧, 점과 획이 차례로 거듭되어 하나의 글자를 다 쓸 때까지의 차례를 말합니다.

1. 왼쪽에서 오른쪽으로 씁니다.

川(내 천) ➡ 丿 丿丿 川

江(강 강) ➡ 丶 丶 氵 氵 汀 江

2. 위에서 아래로 씁니다.

三(석 삼) ➡ 一 二 三

工(장인 공) ➡ 一 丁 工

3. 가로획과 세로획이 겹칠 때에는 가로획을 먼저 씁니다.

木(나무 목) ➡ 一 十 オ 木

十(열 십) ➡ 一 十

4. 좌우 대칭인 글자는 가운데를 먼저 씁니다.

水(물 수) ➡ 亅 刁 水 水

小(작을 소) ➡ 亅 小 小

5. 삐침(丿)과 파임(乀)이 만날 때는 삐침을 먼저 씁니다.

人(사람 인) → 丿 人

文(글월 문) → 丶 亠 亠 文

6. 글자를 꿰뚫는 획은 나중에 씁니다.

中(가운데 중) → 丨 口 口 中

事(일 사) → 一 一 一 口 口 亨 亨 事

7. 둘러싼 모양으로 된 자는 바깥 부분을 먼저 씁니다.

四(넉 사) → 丨 冂 四 四 四

同(한가지 동) → 丨 冂 冂 同 同 同

8. 좌우를 먼저 쓰고 가운데를 나중에 씁니다.

火(불 화) → 丶 丷 火 火

性(성품 성) → 丶 丶 忄 忄 忄 忄 忄 性 性

9. 글자를 가로지르는 획은 나중에 긋습니다.

女(계집 녀) → 乚 乆 女

丹(붉을 단) → 丿 刀 刀 丹 丹

10. 오른쪽 위에 점이 있는 글자는 그 점을 나중에 찍습니다.

犬(개 견) ➡ 一 ナ 大 犬

伐(칠 벌) ➡ ノ イ 仁 代 伐 伐

11. 삐침이 길고 가로획이 짧으면 가로획을 먼저 씁니다.

左(왼 좌) ➡ 一 ナ ナ 左 左

友(벗 우) ➡ 一 ナ 方 友

12. 삐침이 짧고 가로획이 길면 삐침을 먼저 씁니다.

右(오를/오른 우) ➡ ノ ナ ナ 右 右

有(있을 유) ➡ ノ ナ 才 冇 有 有

13. 책받침(辶, 廴)은 나중에 씁니다.

遠(멀 원) ➡ 一 十 士 主 吉 吉 声 吏 袁 袁 袁 遠 遠 遠

建(세울 건) ➡ フ ユ ヨ 聿 聿 聿 建 建

※ 특수한 자영의 필순 보기

凸(볼록할 철) ➡ l 凵 凸 凸 凸 (5획)

凹(오목할 요) ➡ l 冂 凹 凹 凹 (5획)

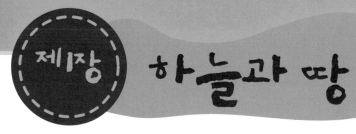

제1장 하늘과 땅

본문의 한자는 자연과 방위에 관련된 글자들입니다.

日 月 山 水 火 木 金 土 東 西 南 北

日月 해와 달. 날과 달, 세월.

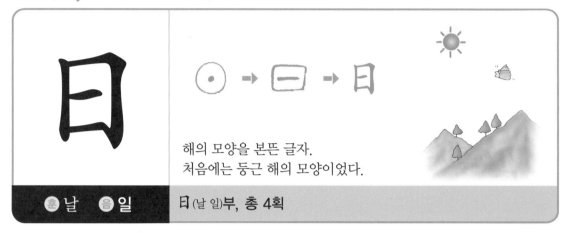

日

⊙ ➝ ⊟ ➝ 日

해의 모양을 본뜬 글자.
처음에는 둥근 해의 모양이었다.

훈 날 음 일   日(날 일)부, 총 4획

따라 쓰기   ㅣ 冂 月 日

日	日	日	日	日	日
날 일	날 일	날 일	날 일	날 일	날 일

>>> 日 의 다른 뜻 알아보기 : 해, 낮, 때.

- 日記(일기) : 날마다 그날그날 겪은 일이나 느낌 등을 적는 개인의 기록.
- 日常(일상) : 날마다 반복되는 생활.
- 日出(일출) : 해가 지평선이나 수평선 위로 떠오르는 것. 반 日沒(일몰)

記 : 기록할 기   常 : 떳떳할 상   出 : 날 출   沒 : 빠질 몰

'日' 부수의 글자는 '해, 명암, 시간, 날씨' 등과 관련 있는 뜻으로 쓰인다.
'月' 부수의 글자는 '달, 시기, 시간' 등과 관련 있는 뜻으로 쓰인다.

月

이지러진 달의 모양을 본뜬 글자(산 위에 떠오른 초승달 모양). '한 달'의 뜻으로도 쓰인다.

훈 **달**　음 **월**　　月(달 월)부, 총 4획

따라 쓰기　　丿 几 月 月

月	月	月	月	月	月
달 월	달 월	달 월	달 월	달 월	달 월

>>> **月 의 다른 뜻 알아보기 : 세월, 달빛.**

• 月刊(월간) : 책이나 잡지 등을 한 달에 한 번씩 펴냄.

• 月光(월광) : 달에서 비쳐 오는 빛.

• 月初(월초) : 어느 달이 시작되는 무렵.　반 月末(월말)

刊 : 새길 **간**　光 : 빛 **광**　初 : 처음 **초**　末 : 끝 **말**

21

山水 산과 물, 자연의 경치. 산수화.

山

山 → 山 → 山

산이 연달아 솟아 있는 모양을 본뜬
글자로 '산(메)'을 뜻한다.

훈 메 **음** 산   山(메 산)부, 총 3획

따라 쓰기   丨 山 山

山	山	山	山	山	山
메 산	메 산	메 산	메 산	메 산	메 산

>>> **山의 다른 뜻 알아보기 : 산, 무덤, 절.**

• 山林(산림) : 산과 숲, 또는 산에 있는 숲.
• 山村(산촌) : 산속에 있는 마을.
• 山河(산하) : 산과 강을 포함한 자연.

林 : 수풀 림   村 : 마을 촌   河 : 물 하

부수 익히기 | '山' 부수의 글자는 '산의 모양, 이름'과 관련 있는 뜻으로 쓰인다.
'水(氵)' 부수의 글자는 '물·강의 이름, 물의 상태' 등과 관련 있는 뜻으로 쓰인다.

〕〕〕 ➔ 氺 ➔ 水

냇물이 흘러가는 모양을 본뜬 글자.
부수의 변으로 쓰일 때는 '氵(삼수
변)', 발로 쓰일 때는 '氺(물수 발)'이
라 한다.

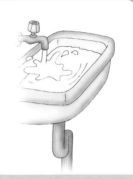

훈 물 음 수 | 水(물 수)부, 총 4획

따라 쓰기 | 〕 〕 氺 水

水	水	水	水	水	水
물 수	물 수	물 수	물 수	물 수	물 수

>>> **水의 다른 뜻 알아보기 : 강, 하천, 별자리.**

• 水道(수도) : 뱃길 또는 물길. 물이 흐르는 통로.
• 水力(수력) : 물의 힘. 높은 곳에서 낮은 곳으로 흐를 때 생기는 힘.
• 水泳(수영) : 물 속에서 팔다리를 놀려 헤엄치는 일.

道 : 길 도 力 : 힘 력 泳 : 헤엄칠 영

火木 불과 나무, 땔나무.

火	 불이 활활 타오르는 모양을 본뜬 글자.
훈불 **음**화	火(불 화)부, 총 4획

따라 쓰기 `ヽ ヽ ソ 火`

火	火	火	火	火	火
불 화	불 화	불 화	불 화	불 화	불 화

>>> **火의 다른 뜻 알아보기 : 태양, 불타다.**

• 火力(화력) : 불이 탈 때에 내는 열의 힘. 총포 등 무기의 위력.
• 火山(화산) : 땅 속의 용암이 밖으로 터져 나와 이루어진 산.
• 火星(화성) : 태양에서 넷째로 가까운 행성.

力 : 힘 력　山 : 메 산　星 : 별 성

'火(灬)' 부수의 글자는 '불의 성질이나 상태, 작용'과 관련 있는 뜻으로 쓰인다. 받침으로 쓰일 때는 '灬(연화발)'로 쓰인다.

'木' 부수의 글자는 '나무의 종류, 상태, 성질, 나무로 만든 물건'과 관련 있는 뜻으로 쓰인다.

부수 익히기

나무(丨)의 가지(一)와 뿌리(小) 모양을 본뜬 글자(가지를 뻗고 뿌리를 내린다).

🔵뜻 나무 🔵음 목   木(나무 목)**부, 총 4획**

따라 쓰기   一 十 才 木

木 나무 목	나무 목	나무 목	나무 목	나무 목	나무 목

>>> **木의 다른 뜻 알아보기 : 목재, 별 이름.**

• 木馬(목마) : 아이들이 타고 노는 것으로, 말처럼 만든 놀이 기구.
• 木石(목석) : 나무와 돌. 무디고 무뚝뚝한 사람을 비유함.
• 木手(목수) : 나무를 다루어 집을 짓거나 가구를 만드는 일을 하는 사람.

馬 : 말 **마** 石 : 돌 **석** 手 : 손 **수**

金土 금(쇠)과 흙.

金

흙(土) 속에 덮여 있는(亼) 것이 반짝 반짝(丷) 빛나는 것으로, '금, 쇠'를 뜻한다.

(훈)쇠 (음)금
(훈)성 (음)김

金(쇠 금)부, 총 8획

따라 쓰기

丿 人 人 仝 仐 伞 金 金

金	金	金	金	金	金
쇠·금, 성·김	쇠·금, 성·김	쇠·금, 성·김	쇠·금, 성·김	쇠·금, 성·김	쇠·금, 성·김

>>> 金의 다른 뜻 알아보기 : 금, 돈.

• 金冠(금관) : 금으로 만들거나 꾸민 관.
• 金言(금언) : 삶에 본보기가 될 만한 귀중한 내용을 담고 있는 짤막한 말.
• 金品(금품) : 돈이나 돈이 될 만한 물건.

冠 : 갓 관   言 : 말씀 언   品 : 물건 품

'金' 부수의 글자는 '금속의 종류나 성질, 기물'과 관련 있는 뜻으로 쓰인다.
'土' 부수의 글자는 '흙으로 된 것이나 상태, 흙에 손질을 가하는 일' 등과
관련 있는 뜻으로 쓰인다.

부수 익히기

土

초목의 새싹이 땅 위로 솟아오르며
자라는 모양을 본뜬 글자. 새싹을
자라게 하는 '흙, 땅'을 뜻한다.

훈 흙 음 토   土(흙 토)부, 총 3획

따라 쓰기   一 十 土

土	土	土	土	土
흙 토	흙 토	흙 토	흙 토	흙 토

>>> 土의 다른 뜻 알아보기 : 땅, 영토, 뿌리.

• 土木(토목) : 흙과 나무.
• 土産物(토산물) : 어느 한 지방에서 특유하게 나는 물건. 土産品(토산품).
• 土城(토성) : 흙으로 쌓아 올린 성.

木 : 나무 목   産 : 낳을 산   物 : 물건 물   品 : 물건 품   城 : 재 성

東西 동쪽과 서쪽.

東 → 東 → 東

아침 해(日)가 솟아올라 나뭇가지(木) 사이로 보이는 것으로, 해가 뜨는 '동쪽'을 뜻한다.

(훈)동녘 (음)동   木(나무 목)부, 총 8획

따라 쓰기   一 厂 厂 戸 百 東 東 東

東	東	東	東	東	東
동녘 동	동녘 동	동녘 동	동녘 동	동녘 동	동녘 동
					东

东
간체자

>>> 東의 다른 뜻 알아보기 : 동쪽, 봄(春).

• 東大門(동대문) : 동쪽에 있는 성문. 현재 서울 종로 6가에 있는 흥인지문.
• 東方(동방) : 동쪽 방향이나 지역.
• 東海(동해) : 동쪽에 있는 바다. 우리나라 동쪽의 바다. (반)西海(서해)

大:큰 대 門:문 문 方:모 방 海:바다 해 西:서녘 서

28

해질녘에 새가 둥지로 돌아와 쉬고 있는 모양을 본뜬 글자. 새가 둥지로 돌아올 때는 저녁 무렵으로 '서쪽'을 뜻한다.

훈 서녘 **음** 서 │ 襾(덮을 아)부, 총 6획

따라 쓰기

一 一 一 一 一 一

西

서녘 서

| 서녘 서 | 서녘 서 | 서녘 서 | 서녘 서 | 서녘 서 |

>>> **西의 다른 뜻 알아보기 : 서쪽, 깃들다.**

• 西山(서산) : 서쪽에 있는 산.
• 西洋(서양) : 유럽과 남북 아메리카의 여러 나라. **반** 東洋(동양)
• 西風(서풍) : 서쪽에서 동쪽으로 부는 바람.

山 : 메 산　洋 : 큰바다 양　東 : 동녘 동　風 : 바람 풍

南北 남쪽과 북쪽.

南

집(冂)의 양지바른 곳에 싹(半)이 잘 자라는 것으로, 따뜻한 남쪽을 뜻한다.

훈 남녘 음 남   十(열 십)부, 총 9획

따라 쓰기   一 十 十 内 内 内 南 南 南

南	南	南	南	南	南
남녘 남	남녘 남	남녘 남	남녘 남	남녘 남	남녘 남

>>> 南의 다른 뜻 알아보기 : 남쪽, 임금.

• 南國(남국) : 남쪽에 있는 나라. 태평양에 있는 더운 지방의 나라. 반 北國(북국)

• 南部(남부) : 어느 지역의 남쪽 부분. 반 北部(북부)

• 南村(남촌) : 남쪽에 있는 마을. 반 北村(북촌)

國 : 나라 국   北 : 북녘 북, 달아날 배   部 : 떼 부   村 : 마을 촌

'十'은 갑골문에서는 'Ⅰ'으로 썼는데, 금문에서는 바늘의 상형 'ф'으로 썼다. 수의 '열, 다수'의 뜻을 나타낸다.
'匕'부수의 글자는 사람이 허리를 굽히거나 엎드린 모양. 혹은 숟가락, 짧은 칼 '단검, 비수'의 뜻으로 쓰인다.

北

ﾊﾞﾊﾞ → ﾊﾞﾊﾞ → 北

사람이 서로 등을 돌리고 서 있는 옆모습을 본뜬 글자. 등을 져서 '배반하는 것'과 태양이 비치는 반대쪽 '북쪽'을 뜻한다.

| 훈 북녘 | 음 북 |
| 훈 달아날 | 음 배 |

匕(비수 비)부, 총 5획

따라 쓰기　　Ⅰ　丨　ᅦ　╬　北

北	北	北	北	北
북녘 북, 달아날 배	북녘 북, 달아날 배	북녘 북, 달아날 배	북녘 북, 달아날 배	북녘 북, 달아날 배	북녘 북, 달아날 배

>>> 北의 다른 뜻 알아보기 : 북쪽, 패배하다.

• 北斗七星(북두칠성) : 큰곰자리에서 국자 모양을 이루며 가장 뚜렷하게 보이는 일곱 개의 별.
• 北上(북상) : 군대나 기상 현상 등이 북쪽을 향하여 올라감. 반 南下(남하)
• 北向(북향) : 북쪽을 향함. 반 南向(남향)

斗 : 말 두　七 : 일곱 칠　星 : 별 성　上 : 윗 상　下 : 아래 하　向 : 향할 향

예 영수는 컴퓨터 게임에 정신이 팔려 어머니의 묻는 말에
東問西答 하였다.

▶▶ 동쪽 물음에 서쪽을 대답한다는 뜻으로, 상대방의 묻는 말에 전혀
관계가 없는 엉뚱한 대답을 함.

東	問	西	答
동녘 동	물을 문	서녘 서	대답 답

예 하늘이와 보람이는 우리 반에서 공부는 물론 피아노, 운동 등
못하는 것이 없는 八方美人 이다.

▶▶ 어느 모로 보나 아름답게 보이는 미인. 여러 가지 일을 다 잘하는
사람을 비유하여 일컫는 말.

八	方	美	人
여덟 팔	모 방	아름다울 미	사람 인

한자 연습 문제

1 뜻과 음이 서로 맞는 것끼리 선을 그으세요.

(1) 달 **월** •   • ❶ 木

(2) 쇠 **금**, 성 **김** •   • ❷ 東

(3) 동녘 **동** •   • ❸ 金

(4) 나무 **목** •   • ❹ 土

(5) 흙 **토** •   • ❺ 水

(6) 물 **수** •   • ❻ 月

2 다음의 〈보기〉와 같이 漢字(한자)의 뜻과 음을 써 보세요.

> **보기**　　　　　　　　木 ➡ 나무 목

❶ 日 (　　　　　　)　　　❷ 水 (　　　　　　)

❸ 火 (　　　　　　)　　　❹ 西 (　　　　　　)

❺ 北 (　　　　　　)　　　❻ 南 (　　　　　　)

❼ 山 (　　　　　　)　　　❽ 東 (　　　　　　)

❾ 月 (　　　　　　)　　　❿ 金 (　　　　　　)

3 다음과 같은 뜻과 음을 가진 漢字(한자)를 써 보세요.

❶ 흙 **토** (   )　　❷ 동녘 **동** (   )

❸ 메 **산** (   )　　❹ 날 **일** (   )

❺ 달 **월** (   )　　❻ 서녘 **서** (   )

❼ 나무 **목** (   )　　❽ 쇠 **금**, 성 **김** (   )

4 다음과 같은 뜻을 가진 漢字語(한자어)를 〈보기〉에서 찾아 써 보세요.

보기　東大門　火力　山林　東海　日出　木石　土木

❶ 산과 숲.　　　　　　　　　　(   )

❷ 흙과 나무.　　　　　　　　　(   )

❸ 불이 탈 때에 내는 열의 힘.　(   )

❹ 해가 지평선이나 수평선 위로 떠오름. (   )

❺ 동쪽에 있는 바다.　　　　　(   )

❻ 동쪽에 있는 성문.　　　　　(   )

❼ 나무와 돌, 무뚝뚝한 사람의 비유.　(   )

한자 실전 문제

1 다음 밑줄 친 漢字(한자)나 漢字語(한자어)의 讀音(독음:한자의 음)을 써 보세요.

▶ <u>10月</u> <u>9日</u>은 한글날이고 나는 날마다 <u>日</u>기를 씁니다.
　　① 　②　　　　　　　　　　③

▶ 우리나라의 <u>山水</u>는 아름다우며 각 지역의 <u>土</u>산품 또한 풍성합니다.
　　　　　　　④　　　　　　　　　　　⑤

▶ <u>東</u>해에는 울릉도와 독도가 있으며 <u>西</u>해에는 꽃게가 많이 잡힙니다.
　⑥　　　　　　　　　　　　　　⑦

▶ 우리나라 선수들이 올림픽에서 <u>金</u>메달을 많이 땄습니다.
　　　　　　　　　　　　　⑧

▶ 산 너머 남촌에는 누가 살기에 해마다 봄바람이 <u>南</u>에서 <u>北</u>상하는 걸까.
　　　　　　　　　　　　　　　　　　　⑨　　⑩

보기　　　　漢字 ➡ 한자

❶ 10月 (　　　　　)　　❷ 9日 (　　　　　)

❸ 日 (　　　　　)　　❹ 山水 (　　　　　)

❺ 土 (　　　　　)　　❻ 東 (　　　　　)

❼ 西 (　　　　　)　　❽ 金 (　　　　　)

❾ 南 (　　　　　)　　❿ 北 (　　　　　)

2 다음 漢字(한자)의 訓(훈:뜻)과 音(음:소리)을 써 보세요.

보기	字 ➡ 글자 자

❶ 月 (   ) ❷ 金 (   )

❸ 西 (   ) ❹ 北 (   )

❺ 水 (   ) ❻ 土 (   )

❼ 火 (   ) ❽ 南 (   )

3 다음에 알맞은 漢字(한자)를 〈보기〉에서 찾아 써 보세요.

보기	土 木 水 日 東 山 金 南 月 西

❶ 물 수 (   ) ❷ 나무 목 (   )

❸ 흙 토 (   ) ❹ 동녘 동 (   )

❺ 날 일 (   ) ❻ 쇠 금, 성 김 (   )

❼ 메 산 (   ) ❽ 남녘 남 (   )

❾ 달 월 (   ) ❿ 서녘 서 (   )

제2장 슬기로운 삶

본문의 한자는 기본 숫자를 나타내는 글자입니다.
一 二 三 四 五 六 七 八 九 十

一 二 　하나 둘.

손가락 하나. 가로의 한 획을 그어
숫자 '하나'를 뜻한다.

| ●훈 한 　●음 일 | 一(한 일)부, 총 1획 |

따라 쓰기　一

一					
한 일	한일	한일	한일	한일	한일

>>> 一의 다른 뜻 알아보기 : 한 번, 첫째, 처음.

• 一生(일생) : 태어나서 죽을 때까지의 동안.
• 一人(일인) : 한 사람.
• 一學年(일학년) : 학교에서의 첫번째 학년.

生 : 날 생　人 : 사람 인　學 : 배울 학　年 : 해 년

'一' 부수의 글자는 첫째라는 의미뿐만 아니라 모두를 하나로 (一) 모아 묶는다는 뜻도 있다.

'二' 부수의 글자는 '一' 자 아래에 다시 '一'을 받쳐 수효의 '둘, 거듭'을 뜻한다.

부수 익히기

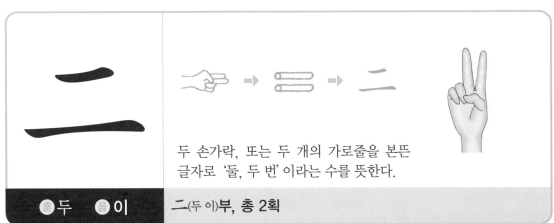

두 손가락, 또는 두 개의 가로줄을 본뜬 글자로 '둘, 두 번'이라는 수를 뜻한다.

● 훈 두   ● 음 이   二(두 이)부, 총 2획

따라 쓰기

一 二

二

두 이 | 두 이 | 두 이 | 두 이 | 두 이 | 두 이

>>> **二의 다른 뜻 알아보기 : 두 번, 둘째, 거듭.**

• 二女(이녀) : 두 딸.
• 二十(이십) : '십'의 두 배가 되는 수.
• 二八靑春(이팔청춘) : 열여섯 살 무렵의 꽃다운 청춘. 젊은 사람.

女 : 계집 녀   十 : 열 십   八 : 여덟 팔   靑 : 푸를 청   春 : 봄 춘

41

三四 셋 넷.

三

세 개의 가로줄 모양. 또는 손가락
셋을 나란히 한 모양으로 '셋' 을
뜻한다.

훈 석　음 삼　一(한 일)부, 총 3획

따라 쓰기　一 二 三

三	三	三	三	三	三
석 삼	석 삼	석 삼	석 삼	석 삼	석 삼

>>> 三의 다른 뜻 알아보기 : 세 번, 여러 번.

• 三角(삼각) : 세 개의 각. 세 개의 각이 있는 모양.
• 三國(삼국) : 세 나라. 고대 우리나라에 있었던 세 나라로 고구려 · 백제 · 신라를 이른다.
• 三三五五(삼삼오오) : 서넛이나 대여섯 사람이 무리를 지어 다니거나 무슨 일을 하는 모양.

角 : 뿔 각　國 : 나라 국　五 : 다섯 오

모양이 비슷한 한자 : 四(넉 사), 西(서녘 서)

모둠 활용 | 1 + 2 = 3 → 一 + 二 = 三, 3 × 4 = 12 → 三 × 四 = 十二

四

큰입구(口)는 사방 네 귀퉁이 모양을 본뜬 글자. 여덟 · 나눌 팔(八)은 나누는 것으로 동서남북 '사방(넷)'을 뜻한다.

🔵훈 넉   🔵음 사   口(큰입구몸)부, 총 5획

따라 쓰기	⎪ ⎏ ⎏ 四 四

四					
넉 사	넉 사	넉 사	넉 사	넉 사	넉 사

>>> **四의 다른 뜻 알아보기 : 네 번, 사방.**

• 四方(사방) : 네 방위, 곧 동서남북의 네 방향. 여러 곳.
• 四時(사시) : 한 해의 네 계절, 곧 봄 · 여름 · 가을 · 겨울의 네 철. 사시사철.
• 四寸(사촌) : 아버지 친형제 자매의 아들이나 딸.

方 : 모 방   時 : 때 시   寸 : 마디 촌

五六 다섯 여섯.

五

 → 亚 → 五

두 이(二)와 서로 교차하는 ×와 합한 글자. 한쪽 손의 손가락을 전부 펴서 숫자 '다섯' 을 나타낸다.

훈 다섯　음 오　　二(두 이)부, 총 4획

따라 쓰기　　一　丁　丂　五

五					
다섯 오	다섯 오	다섯 오	다섯 오	다섯 오	다섯 오

>>> 五의 다른 뜻 알아보기 : 다섯 번.

• 五感(오감) : 시각 · 청각 · 후각 · 미각 · 촉각의 다섯 감각.
• 五十步百步(오십보백보) : 약간의 차이는 있으나 본질적으로는 같다는 뜻.
• 五大洋(오대양) : 다섯 개의 큰 바다. 태평양, 대서양, 인도양, 남빙양, 북빙양.

感 : 느낄 감　十 : 열 십　步 : 걸음 보　百 : 일백 백　大 : 큰 대　洋 : 큰바다 양

44

한자 음의 변화

六

 → 穴 → 六

양손을 내려서 세 손가락을 펼친
모양을 본뜬 것으로, 합하여 '여섯'을
뜻한다.

훈 여섯　음 륙

八(여덟 팔)부, 총 4획

따라 쓰기

`丶　亠　宀　六`

六

여섯 륙

여섯 륙	여섯 륙	여섯 륙	여섯 륙	여섯 륙

≫≫ 六의 다른 뜻 알아보기 : 여섯 번.

• 六十(육십) : '십'의 여섯 배가 되는 수.
• 六二五(육이오) : 북한 공산군이 침입한 육이오 전쟁. 한국 전쟁.
• 六月(유월) : 열두 달 중 여섯째 달. (육월은 잘못)

十 : 열 십　二 : 두 이　五 : 다섯 오　月 : 달 월

七八 일곱 여덟.

七

열 십(十) 자의 세로획을 구부려 놓은
것. 또는 다섯 개의 손가락에 두 개의
손가락을 포개 놓은 모양.

훈 **일곱** 음 **칠**　　一(한 일)부, 총 2획

따라 쓰기　　一 七

七	七	七	七	七	七
일곱 칠	일곱 칠	일곱 칠	일곱 칠	일곱 칠	일곱 칠

>>> 七의 다른 뜻 알아보기 : 일곱 번.

• 七色(칠색) : 일곱 가지 색(빨강, 주황, 노랑, 초록, 파랑, 남색, 보라). 무지개 색깔을 일컬음.

• 七顚八起(칠전팔기) : '일곱 번 넘어지고 여덟 번째 일어난다' 는 뜻으로, 여러 번의 실패에도
  굽히지 않고 꾸준히 노력함.

色 : 빛 색　　顚 : 엎드러질/이마 전　　八 : 여덟 팔　　起 : 일어날 기

46

한자의 3요소 | 한자는 뜻글자로, 모양·소리·뜻의 3요소를 가지고 있다.

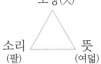

모양(八)
소리(팔) 뜻(여덟)

八

두 손을 네 손가락씩 펴서 보이는 모양을 본뜬 글자. '八' 부수의 글자는 서로 나누어 갈라진 모양으로 '나누다'의 뜻을 나타낸다.

훈 **여덟** 음 **팔**   八(여덟 팔)부, 총 2획

따라 쓰기   ノ 八

八	八	八	八	八	八
여덟 팔	여덟 팔	여덟 팔	여덟 팔	여덟 팔	여덟 팔

>>> **八의 다른 뜻 알아보기 : 여덟 번, 나누다.**

• 八道江山(팔도강산) : 우리나라 전체의 강산을 일컫는 말.
• 八旬(팔순) : 나이 여든(팔십) 살을 이르는 말.
• 八字(팔자) : 사람이 태어날 때부터 정해져 있다는 운명.

道 : 길 도   江 : 강 강   山 : 메 산   旬 : 열흘 순   字 : 글자 자

九十 아홉 열.

九

ᔓ → ᔓ → 九

팔을 구부려서 끝나는 모양을 본뜬
글자. 열 십(十)의 한 일(一)을 구부리
거나 하나를 뺀 '아홉' 을 뜻한다.

훈 아홉 음 구 乙(새 을)부, 총 2획

따라 쓰기   ノ 九

九					
아홉 구	아홉 구	아홉 구	아홉 구	아홉 구	아홉 구

>>> 九의 다른 뜻 알아보기 : 아홉 번, 많다.

• 九九法(구구법) : 곱셈에 쓰는 기초 공식. 구구단.
• 九牛一毛(구우일모) : '아홉 마리의 소 가운데 박힌 한 개의 털' 이란 뜻으로, 많은 것 가운데
  섞인 아주 적은 부분.

法 : 법 법 牛 : 소 우 一 : 한 일 毛 : 터럭 모

'乙' 부수는 '갈 지(之)' 자 형을 본떠 사물이 원활치 않은 상태, 혹은 새 모양에서 비롯된 글자이다.

'十' 부수는 동서(一)와 남북(丨). 가차하여 수의 '열, 전부'의 뜻으로 쓰인다.

부수 익히기

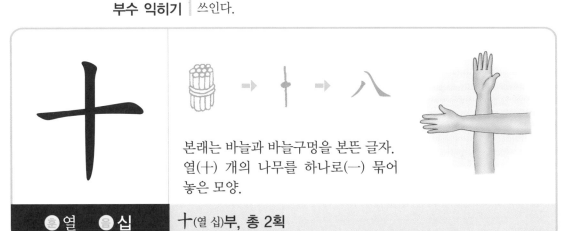

본래는 바늘과 바늘구멍을 본뜬 글자.
열(十) 개의 나무를 하나로(一) 묶어 놓은 모양.

● 훈 **열** ● 음 **십**   十(열 십)부, 총 2획

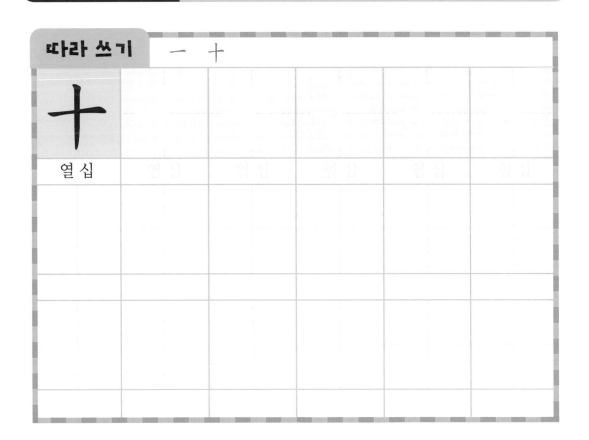

따라 쓰기	一 十				
十 열 십					

>>> 十의 다른 뜻 알아보기 : 열 번, 전부, 모두.

• 十年知己(십년지기) : 오랫동안 사귄 친구.
• 十字(십자) : '열 십(十)'자와 같은 모양.
• 十中八九(십중팔구) : '열 가운데 여덟이나 아홉이 그러하다'는 뜻으로, 거의 틀림없다는 말.

年 : 해 년   知 : 알 지   己 : 몸 기   字 : 글자 자   中 : 가운데 중   八 : 여덟 팔   九 : 아홉 구

예 폭풍을 만나 배가 부서지고 비바람, 거센 파도에 휩쓸렸지만 그는 九死一生으로 살아났다.

▶▶ '아홉 번 죽을 뻔하다 한 번 살아난다' 는 뜻으로, 여러 차례 죽을 고비를 겪고 겨우 살아남을 일컫는 말.

九	死	一	生
아홉 구	죽을 사	한 일	날 생

예) 어려운 환경 속에서 그녀는 七顚八起의 정신으로 무난히 시험에 통과하였다.

▶▶ '일곱 번 넘어지고 여덟 번 일어난다' 는 뜻으로, 여러 번의 실패에도 굽히지 않고 힘써 노력함을 일컫는 말.

七	顚	八	起
일곱 칠	엎드러질/이마 전	여덟 팔	일어날 기

한자 연습 문제

1 뜻과 음이 서로 맞는 것끼리 선을 그으세요.

(1) 여덟 **팔** ·   · ❶ 六

(2) 석 **삼** ·   · ❷ 九

(3) 다섯 **오** ·   · ❸ 八

(4) 아홉 **구** ·   · ❹ 三

(5) 여섯 **륙** ·   · ❺ 十

(6) 열 **십** ·   · ❻ 五

2 다음의 〈보기〉와 같이 漢子(한자)의 뜻과 음을 써 보세요.

보기	七 ➡ 일곱 칠

❶ 十 (   )   ❷ 三 (   )

❸ 五 (   )   ❹ 九 (   )

❺ 一 (   )   ❻ 四 (   )

❼ 八 (   )   ❽ 二 (   )

❾ 七 (   )   ❿ 六 (   )

3 다음과 같은 뜻과 음을 가진 漢子(한자)를 써 보세요.

❶ 두 이 ( ) ❷ 아홉 구 ( )

❸ 여섯 륙 ( ) ❹ 석 삼 ( )

❺ 다섯 오 ( ) ❻ 열 십 ( )

❼ 여덟 팔 ( ) ❽ 넉 사 ( )

4 다음과 같은 뜻을 가진 漢字語(한자어)를 〈보기〉에서 찾아 써 보세요.

보기 十中八九 一生 六月 五十步百步 四方 三國 二十

❶ 태어나서 죽을 때까지의 동안. ( )

❷ 세 나라. 곧 고구려 · 백제 · 신라의 세 나라. ( )

❸ 네 방위, 곧 동서남북의 네 방향. ( )

❹ '십' 의 두 배가 되는 수. ( )

❺ 약간의 차이는 있으나 같다는 뜻. ( )

❻ 열두 달 중 여섯째 달. ( )

❼ 열 가운데 여덟이나 아홉이 그러함. ( )

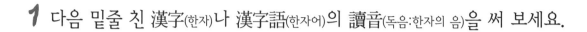

한자 실전 문제

1 다음 밑줄 친 漢字(한자)나 漢字語(한자어)의 讀音(독음:한자의 음)을 써 보세요.

▶ 학생들이 <u>三三</u> <u>五五</u> 짝을 지어 교문을 나섰다.
　　　　　❶　　❷

▶ 다시는 <u>六</u>·<u>二五</u>와 같은 전쟁은 없어야 하며, 통일은 <u>七</u>천만 겨레의
　　　　❸　　　　　　　　　　　　　　　　　　❹

　한결같은 소원이다.

▶ 음력 七月七日은 견우와 직녀가 만난다는 七석이고, <u>八月</u> <u>十五日</u>은
　　　　　　　　　　　　　　　　　　　　　　❺　　❻

　즐거운 추석날이다.

▶ <u>六月</u> <u>九日</u>은 내 생일이고 <u>十月</u> <u>四日</u>은 언니 생일이다.
　❼　　❽　　　　　　　　　❾　　❿

보기　　　　　漢字 ➡ 한자

❶ 三三　(　　　)　　❷ 五五　(　　　)

❸ 六二五 (　　)　　❹ 七　(　　　)

❺ 八月　(　　　)　　❻ 十五日 (　　)

❼ 六月　(　　　)　　❽ 九日　(　　　)

❾ 十月　(　　　)　　❿ 四日　(　　　)

2 다음 漢字(한자)의 訓(훈:뜻)과 音(음:소리)을 써 보세요.

> 보기   字   글자 자

❶ 三 (   )   ❷ 五 (   )

❸ 九 (   )   ❹ 七 (   )

❺ 六 (   )   ❻ 十 (   )

❼ 二 (   )   ❽ 四 (   )

3 다음에 알맞은 漢子(한자)를 〈보기〉에서 찾아 써 보세요.

> 보기   八 一 四 九 六 二 十 五 三 七

❶ 석 삼 (   )   ❷ 여덟 팔 (   )

❸ 넉 사 (   )   ❹ 열 십 (   )

❺ 일곱 칠 (   )   ❻ 여섯 륙 (   )

❼ 다섯 오 (   )   ❽ 한 일 (   )

❾ 두 이 (   )   ❿ 아홉 구 (   )

제3장 가정 생활, 학교 생활

가정과 국가, 학교 생활의 한자어를 알고 언어 생활에 활용할 수 있도록 합시다.

父母兄弟大韓民國學校教室

父母 부모. 아버지와 어머니.

父

오른손(ㅈ·又)에 도끼(매)를 든 모양을 본뜬 글자. 가족을 거느리고 안전하게 이끄는 '아버지'를 뜻한다.

훈 아비 음 부   父(아비 부)부, 총 4획

따라 쓰기   ' ' ' 父 父

父	父	父	父	父	父
아비 부	아비 부	아비 부	아비 부	아비 부	아비 부

>>> 父의 다른 뜻 알아보기 : 아버지, 늙으신네.

• 父子(부자) : 아버지와 아들.
• 父傳子傳(부전자전) : 대대로 아버지가 아들에게 전함.
• 父親(부친) : '아버지'를 정중히 이르는 말.

子 : 아들 자   傳 : 전할 전   親 : 친할 친

가족 관계 한자	父(부 · 아버지) − 母(모 · 어머니) / 子(자 · 아들) − 女(녀 · 딸)
	兄(형 · 형) − 弟(제 · 아우) : 남자 사이 / 姉(자 · 언니) − 妹(매 · 동생) : 여자 형제

母

여자(女:어머니)가 아기를 품에 안고
젖을 먹이는 모양을 본뜬 글자.

훈 어미   음 모   母(어미 모)부, 총 5획

따라 쓰기

ㄴ 厶 母 母 母

母	母	母	母	母
어미 모	어미 모	어미 모	어미 모	어미 모

>> **母**의 다른 뜻 알아보기 : **어머니, 근원, 땅.**

• 母國(모국) : 자기가 태어난 나라. 따로 떨어져 나간 나라에서 그 본국을 이르는 말.
• 母性(모성) : 여성이 어머니로서 지니는 본능적인 감정.
• 母親(모친) : '어머니'를 정중히 이르는 말.   반 父親(부친)

國 : 나라 국   性 : 성품 성   親 : 친할 친

兄弟 형과 아우. 한 부모 밑에서 태어난 남자들.

兄

口 + 儿 → 兄

말(口)과 행동(儿)으로 솔선수범하는 사람을 어른으로 여겨 '맏이, 형'을 뜻한다.

훈 형   음 형   儿(어진사람인발)부, 총 5획

따라 쓰기   ㅣ ㅁ ㅁ ㄹ 兄

兄	兄	兄	兄	兄	兄
형 형	형 형	형 형	형 형	형 형	형 형

>>> 兄의 다른 뜻 알아보기 : 맏이, 벗을 높여 부르는 말.

• 兄夫(형부) : 언니의 남편.
• 兄嫂(형수) : 형의 아내.
• 難兄難弟(난형난제) : '누구를 형, 아우라 하기 어렵다' 는 뜻으로, 두 사물의 낫고 못함을 분간하기 어려움.

夫 : 지아비 부   嫂 : 형수 수   難 : 어려울 난   弟 : 아우 제

60

부수 익히기

'儿' 부수는 人(사람 인) 자를 다른 형태로 쓴 글자이다.
'弓' 부수의 글자는 '활, 활에 관한 동작이나 상태'와 관련 있는 뜻으로 쓰인다.

弟

창(戈)에 가죽을 나선형으로 감은 모양을 본떠 '차례, 순서, 태어난 순서가 낮은 아우'의 뜻을 나타낸다.

훈 아우 음 제

弓(활 궁)부, 총 7획

따라 쓰기

丶 丷 䒑 弓 弔 弟 弟

弟	弟	弟	弟	弟	弟
아우 제	아우 제	아우 제	아우 제	아우 제	아우 제

>>> **弟의 다른 뜻 알아보기 : 동생, 제자, 차례.**

- 弟妹(제매) : 남동생과 여동생.
- 弟嫂(제수) : 아우의 아내. 季嫂(계수).
- 弟子(제자) : 스승의 가르침을 받거나 받은 사람. 반 師父(사부)

妹 : 누이 **매** 嫂 : 형수 **수** 季 : 계절 **계** 子 : 아들 **자** 父 : 아비 **부** 師 : 스승 **사**

大韓 대한민국. 우리나라. 한반도.

大

사람이 팔과 다리를 크게 벌리고
서 있는 모양을 본뜬 글자.

훈 큰 　음 대 　　大(큰 대)부, 총 3획

따라 쓰기 　一 ナ 大

大	大	大	大	大	大
큰 대	큰 대	큰 대	큰 대	큰 대	큰 대

>>> 大의 다른 뜻 알아보기 : 많다, 훌륭하다.

- 大家(대가) : 큰 집. 학문 · 예술 등의 분야에 깊은 지식을 가진 사람.
- 大門(대문) : 큰 문. 집의 정문.
- 大成(대성) : 크게 이루어지거나 크게 이룸. 또는 그런 성과.

家 : 집 가　門 : 문 문　成 : 이룰 성

부수 익히기

'大' 부수의 글자는 '사람 모양이나 일, 크다' 와 관련 있는 뜻으로 쓰인다.
'韋(다룸가죽 위)' 는 털을 뽑아 없앤 무두질한 가죽을 뜻한다.

해돋을 간(倝)과 성 둘레, 울타리 위(韋).
해돋는 쪽의 나라라는 의미에서
'대한민국' 을 뜻한다.

훈 한국/나라   **음** 한   韋(다룸가죽 위)부, 총 17획

따라 쓰기

一 十 十 古 占 占 直 卓 卓' 卓' 卓' 韓 韓 韓 韓 韓

韓	韓	韓	韓	韓	韓
한국/나라 한	한국/나라 한	한국/나라 한	한국/나라 한	한국/나라 한	한국/나라 한
					韩

간체자

>> **韓의 다른 뜻 알아보기 : 삼한, 우물 귀틀.**

• 韓國(한국) : 우리나라. 한반도를 국토로 하는 나라.
• 韓方(한방) : 중국에서 전해져 우리나라에서 발달한 의술.
• 韓食(한식) : 우리나라 고유의 음식이나 식사.

國 : 나라 국   方 : 모 방   食 : 밥/먹을 식

民國 백성의 나라. 민주 정치를 하는 나라.

民

한쪽 눈을 바늘로 찌른 형상을 본뜬 글자. 여자가 앉아 있는 모양. 여인이 낳은 모든 사람을 가리키는 것으로 '백성'을 뜻한다.

훈 백성 음 민

民(각시 씨)부, 총 5획

따라 쓰기

民	民	民	民	民	民
백성 민	백성 민	백성 민	백성 민	백성 민	백성 민

>>> **民의 다른 뜻 알아보기 : 평민, 어리석음, 어둡다.**

- 民俗(민속) : 일반 민중들 사이에 전해 오는 풍속이나 문화.
- 民族(민족) : 언어 · 혈통 · 역사를 같이 하는 사람의 집단.
- 民主(민주) : 나라의 주권이 국민에게 있음.

俗 : 풍속 속 族 : 겨레 족 主 : 주인/임금 주

부수 익히기 | '口' 부수의 글자는 '둘러싸다, 둘레, 두르다'와 관련 있는 뜻으로 쓰인다.

병사가 무기(戈 창·도끼)를 들고 자기 위치 (一)에 서서, 자기 땅(口)을 지키는 '나라'를 뜻한다.

훈 나라　음 국　　口 (큰입구몸)**부**, 총 11획

따라 쓰기

丨 冂 冂 冃 冐 冋 阖 園 國 國 國

國	國	國	國	國	國
나라 국	나라 국	나라 국	나라 국	나라 국	나라 국

国
간체자

>>> **國의 다른 뜻 알아보기 : 국가, 도읍, 고향.**

• 國家(국가) : 일정한 영토에 사는 국민들의 집단. 나라.
• 國民(국민) : 한 나라를 구성하고 있는 사람. 또는 그 사람들 전체. 백성.
• 國語(국어) : 한 나라의 국민이 쓰는 말. 우리나라의 언어.

家 : 집 가　民 : 백성 민　語 : 말씀 어

學校 배우는 곳. 학생을 가르치는 공공의 교육 기관.

學

 ➡ 學

양손 국(臼)과 본받을 효(爻), 덮을 멱(冖)과 아들 자(子)를 합한 글자. 아이를 잘 가르쳐 본받게 하는 것으로 '배우다'를 뜻한다.

훈 배울 음 학

子(아들 자)부, 총 16획

따라 쓰기

學	學	學	學	學	學
배울 학	배울 학	배울 학	배울 학	배울 학	배울 학

学

간체자

>>> 學의 다른 뜻 알아보기 : 학문, 학생, 가르치다.

- 學年(학년) : 1년을 단위로 하여 나눈 학교 교육 과정의 단계.
- 學生(학생) : 학교에 다니면서 교육을 받는 사람.
- 學友(학우) : 학교에서 같이 공부하는 벗.

年 : 해 년 生 : 날 생 友 : 벗 우

부수 익히기 | '子'는 어린아이의 머리와 두 팔을 본뜬 글자.
'子' 부수의 글자는 '아이의 행동이나 상태'와 관련 있는 뜻으로 쓰인다.

木 + 交 → 校

나무(木)가 우거진 곳에서 함께 어울려(交) 마음이나 품성을 바로잡는 곳, '학교'를 뜻한다.

훈 학교 음 교 木(나무 목)부, 총 10획

따라 쓰기

一 十 オ 才 木 朾 杧 栌 栌 校

校

校	校	校	校	校
학교 교	학교 교	학교 교	학교 교	학교 교

>>> 校의 다른 뜻 알아보기 : 가르치다, 바로잡다.

• 校歌(교가) : 학교의 정신이나 이상 등을 담아 부르는 노래.
• 校長(교장) : 학교의 교육 및 사무를 관리 감독하고, 대외적으로는 학교를 대표하는 사람.
• 校訓(교훈) : 학교의 교육 이념이나 목표를 나타낸 말.

歌 : 노래 가 長 : 긴 장 訓 : 가르칠 훈

教室 학교에서 선생님이 학생을 가르치는 방.

教

 ➡ 教

아이(子)가 좋은 것을 본받게(𠂇)하기 위해 매(攵 · 攴)로 쳐서 길들이는 것으로, '가르치다' 를 뜻한다.

훈 가르칠 음 **교**

攵(攴, 등글월문)**부, 총 11획**

따라 쓰기 ノ ㄨ 乂 𠂇 𡗗 耂 孝 孝 孝 教 教

教	教	教	教	教	教
가르칠 교	가르칠 교	가르칠 교	가르칠 교	가르칠 교	가르칠 교

>>> 教의 다른 뜻 알아보기 : 깨우치다, 종교.

- 教科書(교과서) : 학생들이 공부할 내용을 과목별로 엮은 책.
- 教理(교리) : 어떤 종교의 가르침의 내용.
- 教育(교육) : 지식을 가르치고 품성과 체력을 기름.

科 : 과목 **과** 書 : 글 **서** 理 : 다스릴 **리** 育 : 기를 **육**

부수 익히기 '攵(攴)' 부수의 글자는 '치다, ~을 하게 하다' 와 관련 있는 뜻으로 쓰인다.
'宀' 부수의 글자는 '집' 과 관련 있는 뜻으로 쓰인다.

움집 면(宀)과 이를 지(至)를 합한 글자. 사람이 머무는 곳으로, '집' 을 뜻한다.

훈 **집** 음 **실**

宀(갓머리)부, 총 9획

따라 쓰기

` ` ` ` 宀 宀 宀 宇 宇 宝 室

室

집 실

室	室	室	室
집 실	집 실	집 실	집 실

>>> **室의 다른 뜻 알아보기 : 방, 거처, 가족.**

• 室內(실내) : 건물이나 방의 안.   반 室外(실외)

• 居室(거실) : 일상 생활을 하는 방. 거처하는 방.

• 入室(입실) : 건물 안이나 방에 들어감.

內 : 안 내 外 : 바깥 외 居 : 살 거 入 : 들 입

예 민수와 영희는 글짓기에 있어, 민수가 더 잘한다고 하기도 어렵고, 영희가 더 못한다 하기도 어려워 그야말로 難兄難弟이다.

▶▶ '누구를 형이라 하고 누구를 아우라 하기 어렵다' 는 뜻으로, 두 사물이 서로 엇비슷하여 낫고 못함을 가리기 어렵다는 말.

難	兄	難	弟
어려울 난	형 형	어려울 난	아우 제

예 우리 삼촌은 자격 시험에 떨어진 후, 자신은 大器晩成형이라며 스스로 위로하고 새롭게 공부하러 떠났다.

▶▶ '큰 그릇은 늦게 이루어진다' 는 뜻으로, 크게 될 사람은 늦게 성공한다는 말. 또는 시험에 떨어진 사람을 위로하는 말.

大	器	晩	成
큰 대	그릇 기	늦을 만	이룰 성

한자 연습 문제

1 뜻과 음이 서로 맞는 것끼리 선을 그으세요.

⑴ 큰 대　　　　　　　　　　❶ 教

⑵ 아비 부　　　　　　　　　❷ 韓

⑶ 한국/나라 한　　　　　　　❸ 弟

⑷ 아우 제　　　　　　　　　❹ 大

⑸ 가르칠 교　　　　　　　　❺ 學

⑹ 배울 학　　　　　　　　　❻ 父

2 다음의 〈보기〉와 같이 漢字(한자)의 뜻과 음을 써 보세요.

보기	九 ➡ 아홉 구

❶ 母 (　　　　　　)　　　　❷ 兄 (　　　　　　)

❸ 民 (　　　　　　)　　　　❹ 學 (　　　　　　)

❺ 國 (　　　　　　)　　　　❻ 校 (　　　　　　)

❼ 室 (　　　　　　)　　　　❽ 教 (　　　　　　)

❾ 韓 (　　　　　　)　　　　❿ 弟 (　　　　　　)

72

3 다음과 같은 뜻과 음을 가진 漢字(한자)를 써 보세요.

❶ 가르칠 교 (   )   ❷ 학교 교   (   )

❸ 백성 민 (   )   ❹ 한국/나라 한 (   )

❺ 아비 부 (   )   ❻ 나라 국   (   )

❼ 집 실 (   )   ❽ 배울 학   (   )

4 다음과 같은 뜻을 가진 漢字語(한자어)를 〈보기〉에서 찾아 써 보세요.

보기   大成 兄弟 民國 學校 韓國 教室 父母

❶ 학생을 가르치는 공공의 교육 기관.   (   )

❷ 아버지와 어머니.   (   )

❸ 학교에서 선생님이 학생을 가르치는 방.   (   )

❹ 형과 아우.   (   )

❺ 백성의 나라. 민주 정치를 하는 나라.   (   )

❻ 우리나라. 한반도를 국토로 하는 나라.   (   )

❼ 크게 이룸. 크게 성공함.   (   )

1 다음 밑줄 친 漢字(한자)나 漢字語(한자어)의 讀音(독음:한자의 음)을 써 보세요.

▶ 우리는 <u>大韓民國</u>의 <u>國民</u>입니다.
　　　　　❶　　　　❷

▶ 우리 <u>兄弟</u>는 <u>父母</u>님을 모시고 <u>學校</u>에 다니는 <u>學生</u>입니다.
　　　❸　　　❹　　　　　　❺　　　　　　❻

▶ <u>學校</u> 수업이 끝난 후 <u>教室</u>에서 합창 대회 연습을 합시다.
　　　　　　　　　❼

▶ 가족(家族)이라 함은 부부(夫婦)를 중심으로 하여 <u>부모</u>와 자식, <u>형제</u>
　　　　　　　　　　　　　　　　　❽　　　　　❾

자매의 관계를 이루는 사람들을 말합니다.

▶ 지난 학예회에는 많은 <u>학부형</u>과 친지들이 참석해 주셨습니다.
　　　　　　　　　❿

보기 漢字 → 한자　글자 자 → 字

❶ 大韓民國 (　　　　) ❷ 國民 (　　　　)

❸ 兄弟 (　　　　) ❹ 父母 (　　　　)

❺ 學校 (　　　　) ❻ 學生 (　　　　)

❼ 教室 (　　　　) ❽ 부모 (　　　　)

❾ 형제 (　　　　) ❿ 학부형 (　　　　)

2 다음 漢字(한자)의 訓(훈:뜻)과 音(음:소리)을 써 보세요.

> 보기   字 → 글자 자

❶ 韓 (   )   ❷ 國 (   )

❸ 敎 (   )   ❹ 校 (   )

❺ 弟 (   )   ❻ 母 (   )

❼ 室 (   )   ❽ 民 (   )

3 다음에 알맞은 漢字(한자)를 〈보기〉에서 찾아 써 보세요.

> 보기   大 學 父 室 兄 母 校 敎 韓 國

❶ 학교 교 (   )   ❷ 한국/나라 한 (   )

❸ 나라 국 (   )   ❹ 아비 부   (   )

❺ 배울 학 (   )   ❻ 큰 대   (   )

❼ 형 형   (   )   ❽ 가르칠 교 (   )

❾ 집 실   (   )   ❿ 어미 모   (   )

女王

先生

青

白

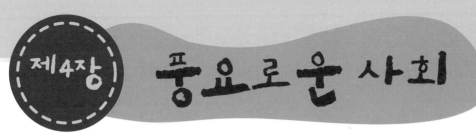

제4장 풍요로운 사회

풍요로운 사회 생활을 함에 있어 널리 사용되는 글자들입니다.
女王先生軍人靑白長小中外萬年寸門

 女王 여자 왕. 어떤 방면의 뛰어난 여자.

여자가 손을 앞으로 모으고 무릎을 끓어 가지런히 앉아 있는 모습으로, '여자'를 뜻한다.

훈 계집 | 음 녀 | 女(계집 녀)부, 총 3획

따라 쓰기 ㄑ ㄑ 女

女 계집 녀					
	계집 녀	계집 녀	계집 녀	계집 녀	계집 녀

>>> 女의 다른 뜻 알아보기 : 여자, 처녀, 딸.

• 女軍(여군) : 여자 군인. 여자로 조직된 군대.
• 女同生(여동생) : 여자 동생. 누이동생.
• 女性(여성) : 성년에 이른 여자를 일컬음. 반 男性(남성)

軍 : 군사 군   同 : 한가지 동   生 : 날 생   性 : 성품 성   男 : 사내 남

부수 익히기 | '女' 부수의 글자는 '여자의 심리, 성격과 행위, 남녀 관계' 등과 관련 있는 뜻으로 쓰인다.

王

고대 중국에서 지배권의 상징으로 쓰인 큰 도끼의 모양을 본뜬 글자. 무기를 사용할 수 있는 사람, '임금, 왕'을 뜻한다.

훈 임금　**음** 왕　玉(구슬 옥)부, 총 4획

따라 쓰기	ー　二　干　王				
王					
임금 왕	임금 왕	임금 왕	임금 왕	임금 왕	임금 왕

>>> **王의 다른 뜻 알아보기 : 군주, 우두머리, 으뜸.**

• 王冠(왕관) : 임금이 권위의 상징으로 머리에 쓰는 관.
• 王國(왕국) : 임금이 다스리는 나라. 하나의 큰 세력을 이루고 있는 곳.
• 王子(왕자) : 임금의 아들.　**반** 公主(공주)

　　　　　冠 : 갓 관　國 : 나라 국　子 : 아들 자　公 : 공평할 공　主 : 주인/임금 주

 先生 학생을 가르치는 일을 직업으로 하는 사람.

先

业 + 几 ➜ 先

갈 지(之)의 변형(业)과 어진사람인(几)을 합한 글자. 남보다 앞서가는 것으로, '먼저, 앞서다' 를 뜻한다.

훈 먼저 음 선   几 (어진사람인발)부, 총 6획

따라 쓰기

`丿 广 丄 业 步 先`

先					
먼저 선	먼저 선	먼저 선	먼저 선	먼저 선	먼저 선

>>> 先의 다른 뜻 알아보기 : 우선, 앞서다, 조상.

• 先見之明(선견지명) : 앞날의 일을 미리 짐작하여 아는 지혜.
• 先手(선수) : 남보다 앞질러 하는 행동. 바둑 · 장기에서 상대방보다 먼저 유리한 곳에 두는 일.
• 先祖(선조) : 한 집안의 시조. 윗대의 조상.

見 : 볼 견, 뵈올 현   之 : 갈 지   明 : 밝을 명   手 : 손 수   祖 : 할아비 조

生

草 → 生 → 生

초목의 새싹이 땅 위로 솟아나오는 모양을 본뜬 글자로, '생겨나다, 살다'를 뜻한다.

훈 날 음 생   生(날 생)부, 총 5획

따라 쓰기

丿 ㇒ ㇒ 牛 生

生					
날 생	날 생	날 생	날 생	날 생	날 생

>>> 生의 다른 뜻 알아보기 : 살다, 자라다.

• 生年月日(생년월일) : 태어난 해와 달과 날.
• 生死(생사) : 삶과 죽음. 태어남과 죽음.
• 生活(생활) : 사람이 일정한 환경 안에서 활동하며 살아가는 일.

年 : 해 년   月 : 달 월   日 : 날 일   死 : 죽을 사   活 : 살 활

81

軍人 군대에 속하여 나라 지키는 일을 하는 사람.

 ➡ 軍 ➡ 軍

전차(車)를 빙 둘러싸고 진을 친 병사들의 모습으로, '군사, 진(陣)치다'를 뜻한다.

훈 군사 음 군   車(수레 거)부, 총 9획

따라 쓰기

丶 冖 冖 冖 罕 罕 冒 宣 軍

軍					
군사 군	군사 군	군사 군	군사 군	군사 군	군사 군
					军
					간체자

>>> 軍의 다른 뜻 알아보기 : 군인, 병사, 진치다.

- 軍隊(군대) : 일정한 규율과 질서를 갖고 조직된 군인의 집단.
- 軍民(군민) : 군인과 민간인.
- 軍事(군사) : 군대나 전쟁 등 군에 관한 일.

隊 : 무리 대   民 : 백성 민   事 : 일 사

82

'車' 부수의 글자는 '수레'와 관련 있는 뜻으로 쓰인다.
'人'이 변으로 쓰일 때는 '亻'으로 된다.

人

사람이 허리를 약간 굽히고 서 있는
옆모습을 본뜬 글자.

훈 사람 음 인   人(亻, 사람 인)부, 총 2획

따라 쓰기   丿 人

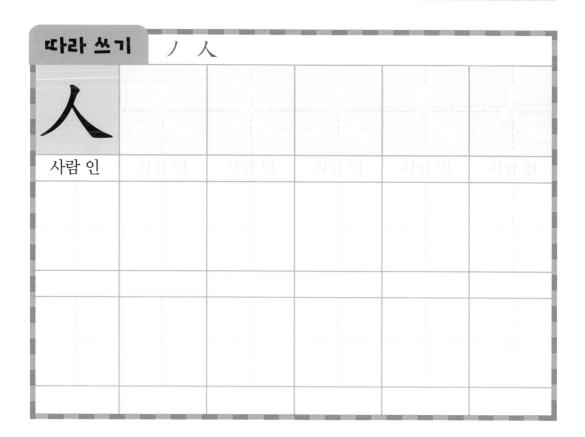

人

사람 인

>>> 人의 다른 뜻 알아보기 : 타인, 인격, 인품.

• 人間(인간) : 말을 하고 생각하며 사회를 이루어 살아가는 고등 동물.
• 人口(인구) : 한 나라, 또는 일정한 지역 안에 사는 사람의 총수.
• 人生(인생) : 사람이 태어나 세상을 살아가는 일.

間 : 사이 간   口 : 입 구   生 : 날 생

青白 푸르고 흼.

青

☘ → 丼 → 青

날 생(主·生)과 붉을 단(丹)을 합한 글
자. 초목의 새싹이 붉은빛으로 났다가
푸르게 변하는 것을 뜻한다.

훈 푸를 **음** 청 　青(푸를 청)부, 총 8획

따라 쓰기

一 ＝ ≠ 主 丰 青 青 青

青					
푸를 청	푸를 청	푸를 청	푸를 청	푸를 청	푸를 청
					青
					간체자

>>> 青 의 다른 뜻 알아보기 : 봄, 젊다, 동쪽.

• 青年(청년) : 젊은 남자. 20대 정도의 남자.
• 青山(청산) : 풀과 나무가 우거진 푸른 산.
• 青春(청춘) : '새싹이 돋아나는 봄철'이라는 뜻으로, 인생에서 가장 힘이 넘치고 아름다운 젊은 시절.

年 : 해 년　山 : 메 산　春 : 봄 춘

부수 익히기

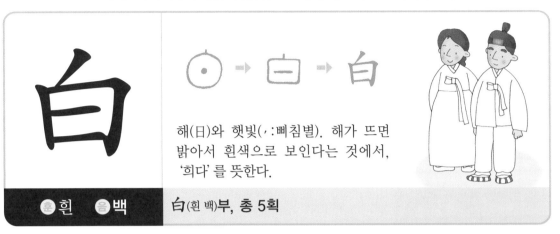

해(日)와 햇빛(ノ:삐침별). 해가 뜨면 밝아서 흰색으로 보인다는 것에서, '희다'를 뜻한다.

훈 흰 음 백   白(흰 백)부, 총 5획

따라 쓰기

ノ ｲ 冂 白 白

白

흰 백

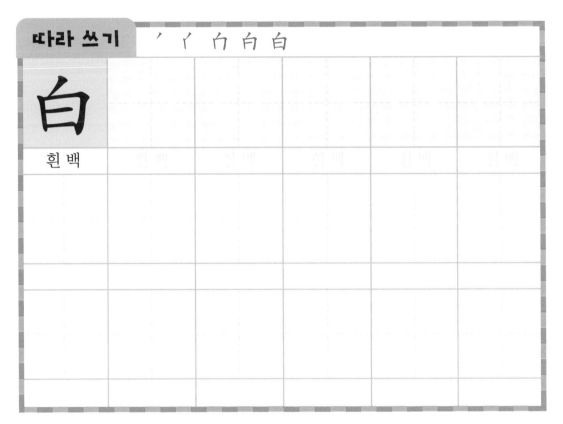

>>> 白의 다른 뜻 알아보기 : 깨끗하다, 비다, 밝다.

• 白頭山(백두산) : 우리나라에서 제일 높은 산.
• 白日場(백일장) : 많은 사람들이 한 곳에 모여 주어진 소재로 글짓기를 겨루는 일.
• 白紙(백지) : 흰 빛깔의 종이. 아무것도 쓰지 않은 종이.

頭 : 머리 두   山 : 메 산   日 : 날 일   場 : 마당 장   紙 : 종이 지

長小 길고 작다(적다).

長

 → 長

머리와 수염이 길고 허리가 구부러진
노인이 지팡이를 짚고 있는 모양을
본떠, '길다, 어른'을 뜻한다.

훈 긴　음 장　　長(긴 장)부, 총 8획

따라 쓰기

丨 丨 ㅏ ㅏ 토 토 토 長 長

長					
긴 장	긴 장	긴 장	긴 장	긴 장	긴 장
					长
					간체자

>>> 長의 다른 뜻 알아보기 : 길이, 어른.

• 長官(장관) : 나라일을 맡아보는 한 관청의 으뜸 벼슬.
• 長短(장단) : 긴 것과 짧은 것. 장점과 단점. (춤·노래·풍악 등에서의) 박자. 리듬.
• 長者(장자) : 덕망이 뛰어나고 경험이 많아 세상일에 익숙한 어른.

官 : 벼슬 관　短 : 짧을 단　者 : 놈 자

長(장 : 길다, 장점) ↔ 短(단 : 짧다, 단점)

大(대 : 크다) ↔ 小(소 : 작다)

한자의 활용 | 長大 ← 大 → 大小

小

 →

큰 물체에서 떨어져 나간 작은 점 세 개를 찍어서, '작은 것'을 나타낸 글자.

●훈 **작을** ●음 **소**   小(작을 소)부, 총 3획

따라 쓰기 ⎧ ⎧ 小

小					
작을 소	작을 소	작을 소	작을 소	작을 소	작을 소

>>> **小의 다른 뜻 알아보기 : 적다, 조금, 어리다.**

- 小兒(소아) : 어린아이. 나이가 어린 사람.
- 小人(소인) : 나이가 어리거나 덕이 부족한 사람. 자신의 낮춤말.   (반) **大人(대인)**
- 小品(소품) : 조그만 물건. 규모가 작은 작품.

兒 : 아이 아   人 : 사람 인   大 : 큰 대   品 : 물건 품

中外 가운데와 바깥.

中

사물(口)의 한가운데를 꿰뚫는(| :뚫을 곤)
모양을 본떠 '가운데'를 뜻한다.

훈 가운데   음 중 | (뚫을 곤)부, 총 4획

따라 쓰기   ㅣ ㅁ ㅁ 中

中					
가운데 중	가운데 중	가운데 중	가운데 중	가운데 중	가운데 중

>>> 中의 다른 뜻 알아보기 : 한가운데, 안(속), 맞다.

• 中立(중립) : 어느 쪽으로도 치우치지 않는 중간의 입장.
• 中央(중앙) : 사방의 중심이 되는 한가운데. 중심이 되는 중요한 곳.   반 地方(지방)
• 中止(중지) : 하던 일을 중도에서 그만둠.

立 : 설 립   央 : 가운데 앙   地 : 따(땅) 지   方 : 모 방   止 : 그칠 지

88

‘ㅣ’ 부수는 위에서 아래로 한 획을 그어 위와 아래를 관통한다는 뜻을 나타낸다.

‘夕’ 부수는 달이 반쯤 보이는 모양을 본떠, ‘저녁’ 의 뜻을 나타낸다.

夕 + ㅏ → 外

저녁 석(夕)과 점 복(ㅏ)을 합한 글자. 점은 본래 아침에 치는 것인데, 저녁에 치는 점은 예외라 여겨, ‘바깥·밖’ 을 뜻한다.

(훈)바깥 (음)외   夕(저녁 석)부, 총 5획

따라 쓰기

丿 ク タ 외 外

外					
바깥 외	바깥 외	바깥 외	바깥 외	바깥 외	바깥 외

>>> 外의 다른 뜻 알아보기 : 밖, 겉, 외국, 처가.

• 外家(외가) : 어머니의 친정. 어머니 쪽 친척의 집안.

• 外食(외식) : 끼니 음식을 음식점 등에 가서 사먹는 일.

• 外出(외출) : 볼일을 보러 잠시 나감.

家 : 집 가   食 : 밥/먹을 식   出 : 날 출

萬年 많은 햇수. 오랜 세월.

萬

 → → 萬

열대 지방에 사는 전갈, 또는 벌의 모양을 본뜬 글자로, 그 수효가 많은 것을 뜻한다.

훈 일만　음 만　艹 (艸, 초두머리)부, 총 13획

따라 쓰기

一　十　十　卄　艹　苧　苫　苗　莒　莒　萬　萬　萬

萬

일만 만

万
간체자

>>> 萬의 다른 뜻 알아보기 : 다수, 많다, 갖가지.

• 萬物(만물) : 세상의 모든 물건. 갖가지 많은 물건.
• 萬事(만사) : 많은 여러 가지 일. 모든 일.
• 萬歲(만세) : 어떤 축복이나 영원한 번영을 위해 두 손을 높이 들면서 외치는 소리.

物 : 물건 물　事 : 일 사　歲 : 해 세

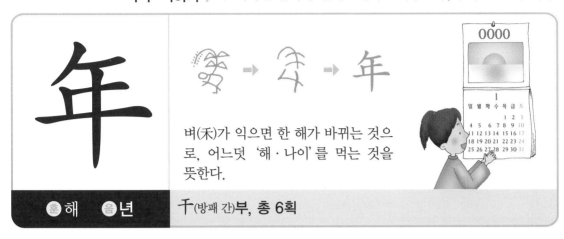

부수 익히기 '艹(艸)' 부수는 가지런히 자란 풀의 상형으로 '풀' 을 뜻한다.
'干' 부수는 끝이 두 갈래로 갈라진 사냥 도구, 방패를 그린 것이다.

年

벼(禾)가 익으면 한 해가 바뀌는 것으로, 어느덧 '해 · 나이' 를 먹는 것을 뜻한다.

훈 해 음 년

干(방패 간)부, 총 6획

따라 쓰기 丿 𠂉 𠂉 𠂉 𠂉 年

年

해 년 해 년 해 년 해 년 해 년 해 년

>>> **年의 다른 뜻 알아보기 : 나이, 때, 시대.**

- 年金(연금) : 국가나 단체가 일정 기간 정기적으로 주는 돈.
- 年代(연대) : 지나온 햇수나 시대. 역사상의 시대.
- 年歲(연세) : '나이' 의 높임말. 윗사람을 높여 그의 나이를 일컫는 말.

金 : 쇠 **금**, 성 **김**　代 : 대신 **대**　歲 : 해 **세**

寸門　마디, 치(길이의 단위). 문, 가문, 직업.

寸

손목에서 맥박이 뛰는 곳의 길이가
한 치(寸)라는 것으로, '마디'를
뜻한다.

● 훈 마디　● 음 촌　寸(마디 촌)부, 총 3획

따라 쓰기   一 寸 寸

寸					
마디 촌	마디 촌	마디 촌	마디 촌	마디 촌	마디 촌

>>> 寸의 다른 뜻 알아보기 : 치(길이의 단위), 적다.

• 寸數(촌수) : 친족 사이의 멀고 가까운 관계를 나타내는 수.
• 寸陰(촌음) : 아주 짧은 시간. 寸刻(촌각).
• 寸志(촌지) : '얼마 되지 않는 적은 선물'이란 뜻으로, 자기의 선물을 일컫는 말.

數 : 셈 수　陰 : 그늘 음　刻 : 새길 각　志 : 뜻 지

부수 익히기

'寸' 부수의 글자는 '손의 동작이나 손' 과 관련 있는 뜻으로 쓰인다.
'門' 부수의 글자는 '문의 종류나 상태' 와 관련 있는 뜻으로 쓰인다.

門

두 개의 문짝이 있는 문의 모양을 본떠, '문' 을 뜻한다.

훈 문 음 문

門(문 문)부, 총 8획

따라 쓰기

門

문문

门

간체자

>>> 門의 다른 뜻 알아보기 : 가문, 직업, 학술 분야.

- 門間(문간) : 대문이 있는 부근의 장소.
- 門前成市(문전성시) : '문 앞이 시장을 이룬다' 는 뜻으로, 찾아오는 사람이 많음을 이르는 말.
- 門下生(문하생) : 스승에게서 가르침을 받는 제자.

間 : 사이 **간** 前 : 앞 **전** 成 : 이룰 **성** 市 : 저자 **시** 下 : 아래 **하** 生 : 날 **생**

예 지혜는 **先見之明**이 있어 비 올 것을 대비해 우산을 챙겨 가지고 **學校**에 왔다.

▶▶ '앞날의 일을 미리 밝히다' 의 뜻으로, 앞날의 일을 미리 헤아릴 줄 아는 능력을 말한다.

先	見	之	明
먼저 선	볼 견	갈 지	밝을 명

例 선영이는 공부를 잘하는데 반하여 몸이 약해 운동을 못하는
一長一短이 있다.

▶▶ '장점도 있고 단점도 있다.' 곧, 장점이 있으면 단점도 있다고 하는 것.
이 경우의 일(一)은 '혹은'의 뜻으로, '길다든지 짧다든지'의 뜻도 있다.

一	長	一	短
한 일	긴 장	한 일	짧을 단

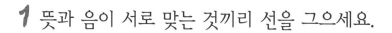

1 뜻과 음이 서로 맞는 것끼리 선을 그으세요.

⑴ 긴 장 ·   · ❶ 軍

⑵ 일만 만 ·   · ❷ 靑

⑶ 푸를 청 ·   · ❸ 萬

⑷ 먼저 선 ·   · ❹ 長

⑸ 군사 군 ·   · ❺ 門

⑹ 문 문 ·   · ❻ 先

2 다음의 〈예〉와 같이 漢字(한자)의 뜻과 음을 써 보세요.

보기   教 → 가르칠 교

❶王(   )   ❷生(   )

❸女(   )   ❹人(   )

❺白(   )   ❻小(   )

❼外(   )   ❽中(   )

❾年(   )   ❿寸(   )

3 다음과 같은 뜻과 음을 가진 漢字(한자)를 써 보세요.

❶ 먼저 선 (   )   ❷ 푸를 청 (   )

❸ 군사 군 (   )   ❹ 일만 만 (   )

❺ 문 문 (   )   ❻ 긴 장 (   )

❼ 해 년 (   )   ❽ 가운데 중 (   )

4 다음과 같은 뜻을 가진 漢字語(한자어)을 〈보기〉에서 찾아 써 보세요.

보기　寸數　年代　白紙　靑春　女同生　王子　先手

❶ 여자 동생. 누이동생.   (   )

❷ 임금의 아들.   (   )

❸ 남보다 앞질러 하는 행동.   (   )

❹ 인생에서 가장 힘이 넘치고 아름다운 젊은 시절.   (   )

❺ 흰 빛깔의 종이.   (   )

❻ 지나온 햇수나 시대.   (   )

❼ 친족 사이의 멀고 가까운 관계를 나타내는 수.   (   )

한자 실전 문제

1 다음 밑줄 친 漢字(한자)나 漢字語(한자어)의 讀音(독음:한자의 음)을 써 보세요.

▸ 中學生인 外四寸兄은 土요일마다 우리 집에 온다.
    ①   ②

▸ 先生님을 따라 우리는 校外에서 자연 학습을 했다.
    ③   ④

▸ 女王을 맞이하기 위해 운동장에는 萬國기가 펄럭였다.
    ⑤   ⑥

▸ 씩씩한 軍人들의 행진에 우리 모두는 靑白의 풍선을 날렸다.
       ⑦   ⑧

▸ 나는 우리 집안의 長子로서 父母님이 물려주신 작은 물건일지라도
            ⑨   ⑩

소중히 간직하고자 한다.

보기
父母 ➡ 부모

---

❶ 中學生 (　　　　　)　　❷ 外四寸兄 (　　　　　)

❸ 先生 (　　　　　)　　❹ 校外 (　　　　　)

❺ 女王 (　　　　　)　　❻ 萬國 (　　　　　)

❼ 軍人 (　　　　　)　　❽ 靑白 (　　　　　)

❾ 長子 (　　　　　)　　❿ 父母 (　　　　　)

98

2 다음 漢字(한자)의 訓(훈:뜻)과 音(음:소리)을 써 보세요.

> 보기　　　　　　　國 → 나라 국

❶ 先 (　　　　　)　　❷ 軍 (　　　　　)

❸ 靑 (　　　　　)　　❹ 長 (　　　　　)

❺ 萬 (　　　　　)　　❻ 門 (　　　　　)

❼ 王 (　　　　　)　　❽ 生 (　　　　　)

3 다음에 알맞은 漢字(한자)를 〈보기〉에서 찾아 써 보세요.

> 보기　　女 人 白 小 外 年 中 寸 萬 門

❶ 가운데 중 (　　　　　)　　❷ 바깥 외 (　　　　　)

❸ 계집 녀 (　　　　　)　　❹ 흰 백 (　　　　　)

❺ 작을 소 (　　　　　)　　❻ 해 년 (　　　　　)

❼ 문 문 (　　　　　)　　❽ 일만 만 (　　　　　)

❾ 사람 인 (　　　　　)　　❿ 마디 촌 (　　　　　)

제1장 · 하늘과 땅

연습 문제

1 (1)❻ (2)❸ (3)❷ (4)❶ (5)❹ (6)❺ *2* ❶날 일 ❷물 수 ❸불 화 ❹서녁 서 ❺북녁 북, 달아날 배 ❻남녁 남 ❼메 산 ❽동녁 동 ❾달 월 ❿쇠 금, 성 김 *3* ❶土 ❷東 ❸山 ❹日 ❺月 ❻西 ❼木 ❽金 *4* ❶山林 ❷土木 ❸火力 ❹日出 ❺東海 ❻東大門 ❼木石

실전 문제

1 ❶시월 ❷구일 ❸일 ❹산수 ❺토 ❻동 ❼서 ❽금 ❾남 ❿북 *2* ❶달 월 ❷쇠 금, 성 김 ❸서녁 서 ❹북녁 북, 달아날 배 ❺물 수 ❻흙 토 ❼불 화 ❽남녁 남 *3* ❶水 ❷木 ❸土 ❹東 ❺日 ❻金 ❼山 ❽南 ❾月 ❿西

제2장 · 슬기로운 삶

연습 문제

1 (1)❸ (2)❹ (3)❻ (4)❷ (5)❶ (6)❺ *2* ❶열 십 ❷석 삼 ❸다섯 오 ❹아홉 구 ❺한 일 ❻넉 사 ❼여덟 팔 ❽두 이 ❾일곱 칠 ❿여섯 륙 *3* ❶二 ❷九 ❸六 ❹三 ❺五 ❻十 ❼八 ❽四 *4* ❶一生 ❷三國 ❸四方 ❹二十 ❺五十步百步 ❻六月 ❼十中八九

실전 문제

1 ❶삼삼 ❷오오 ❸육이오 ❹칠 ❺팔월 ❻십오일 ❼유월 ❽구일 ❾시월 ❿사일 *2* ❶석 삼 ❷다섯 오 ❸아홉 구 ❹일곱 칠 ❺여섯 륙 ❻열 십 ❼두 이 ❽넉 사 *3* ❶三 ❷八 ❸四 ❹十 ❺七 ❻六 ❼五 ❽一 ❾二 ❿九

제3장 · 가정 생활, 학교 생활

연습 문제

1 (1)❹ (2)❻ (3)❷ (4)❸ (5)❶ (6)❺ **2** ❶어미 모 ❷형 형 ❸백성 민 ❹배울 학 ❺나라 국 ❻학교 교 ❼집 실 ❽가르칠 교 ❾한국/나라 한 ❿아우 제 **3** ❶敎 ❷校 ❸民 ❹韓 ❺父 ❻國 ❼室 ❽學 **4** ❶學校 ❷父母 ❸敎室 ❹兄弟 ❺民國 ❻韓國 ❼大成

실전 문제

1 ❶대한민국 ❷국민 ❸형제 ❹부모 ❺학교 ❻학생 ❼교실 ❽父母 ❾兄弟 ❿學父兄 **2** ❶한국/나라 한 ❷나라 국 ❸가르칠 교 ❹학교 교 ❺아우 제 ❻어미 모 ❼집 실 ❽백성 민 **3** ❶校 ❷韓 ❸國 ❹父 ❺學 ❻大 ❼兄 ❽敎 ❾室 ❿母

제4장 · 풍요로운 사회

연습 문제

1 (1)❹ (2)❸ (3)❷ (4)❻ (5)❶ (6)❺ **2** ❶임금 왕 ❷날 생 ❸계집 녀 ❹사람 인 ❺흰 백 ❻작을 소 ❼바깥 외 ❽가운데 중 ❾해 년 ❿마디 촌 **3** ❶先 ❷靑 ❸軍 ❹萬 ❺門 ❻長 ❼年 ❽中 **4** ❶女同生 ❷王子 ❸先手 ❹靑春 ❺白紙 ❻年代 ❼寸數

실전 문제

1 ❶중학생 ❷외사촌형 ❸선생 ❹교외 ❺여왕 ❻만국 ❼군인 ❽청백 ❾장자 ❿부모 **2** ❶먼저 선 ❷군사 군 ❸푸를 청 ❹긴 장 ❺일만 만 ❻문 문 ❼임금 왕 ❽날 생 **3** ❶中 ❷外 ❸女 ❹白 ❺小 ❻年 ❼門 ❽萬 ❾人 ❿寸

부록

보충학습

1 뜻이 서로 반대 또는 상대 되는 한자

南 남녘 남 ←→ 北 북녘 북　　東 동녘 동 ←→ 西 서녘 서

大 큰 대 ←→ 小 작을 소　　父 아비 부 ←→ 母 어미 모

山 메 산 ←→ 江·川 강 강·내 천　　王 임금 왕 ←→ 民 백성 민

水 물 수 ←→ 火 불 화　　學 배울 학 ←→ 敎 가르칠 교

兄 형 형 ←→ 弟 아우 제　　日 날 일 ←→ 月 달 월

2 동자이음(同字異音)

글자는 같으나 음이 다른 경우를 말한다.

| 金 | 쇠 금 | 金貨(금화), 賞金(상금) |
| | 성 김 | 金春秋(김춘추), 金海(김해) |

| 北 | 북녘 북 | 北韓(북한), 北極(북극) |
| | 달아날 배 | 敗北(패배) |

104

3 두음법칙

첫소리가 'ㄴ'이나 'ㄹ'인 한자가 단어의 첫머리에 올 때, 독음이 'ㅇ'이나 'ㄴ'으로 바뀌는 것을 말한다.

① 'ㄴ'이 'ㅇ'으로 바뀌는 경우

| 女
계집 녀 | 녀 : 長女(장녀), 孝女(효녀) |
| | 여 : 女學生(여학생), 女性(여성) |

| 年
해 년 | 년 : 學年(학년), 中年(중년) |
| | 연 : 年長(연장), 年刊(연간) |

② 'ㄹ'이 'ㅇ'으로 바뀌는 경우

| 六
여섯 륙 | 륙 : 五六十(오륙십), 十六時(십륙시) |
| | 육 : 六寸(육촌), 六十(육십) |

4 음(音)이 같고 뜻이 다른 한자

| 교 | 校
학교 교 : 校外(교외), 學校(학교), 校歌(교가) |
| | 敎
가르칠 교 : 敎室(교실), 敎師(교사), 宗敎(종교) |

사자성어(四字成語)

敬天愛人
경 천 애 인

敬(공경할 **경**) + 天(하늘 **천**) + 愛(사랑 **애**) + 人(사람 **인**)
하늘을 공경하고 사람을 사랑함.

古今東西
고 금 동 서

古(예 **고**) + 今(이제 **금**) + 東(동녘 **동**) + 西(서녘 **서**)
'예와 지금, 그리고 동쪽과 서쪽'이라는 뜻으로, 때와
지역을 통틀어 일컫는 말. 시공(時空)을 아우르는 말.

南男北女
남 남 북 녀

南(남녘 **남**) + 男(사내 **남**) + 北(북녘 **북**) + 女(계집 **녀**)
우리나라에서, '남자는 남부 지방에서 여자는 북부 지방
에서 잘난 사람이 많다'는 뜻으로, 예부터 일컬어 오는 말.

大同小異
대 동 소 이

大(큰 **대**) + 同(한가지 **동**) + 小(작을 **소**) + 異(다를 **이**)
'크게 보면 같고 작게 보면 다르다'는 뜻으로, 큰 차이가
없이 거의 같고 조금 다름. 서로 비슷비슷함.

名山大川
명 산 대 천

名(이름 **명**) + 山(메 **산**) + 大(큰 **대**) + 川(내 **천**)
이름난 산과 내. 경치 좋은 자연을 일컬음.

四海兄弟
사 해 형 제

四(넉 **사**) + 海(바다 **해**) + 兄(형 **형**) + 弟(아우 **제**)
'온 천하의 사람이 다 형제와 같다'는 뜻으로, 온 천하의
사람들을 친밀히 일컬음.

先見之明
선 견 지 명

先(먼저 **선**) + 見(볼 **견**) + 之(어조사 **지**) + 明(밝을 **명**)
닥쳐올 일을 미리 아는 슬기로움.

十年知己
십 년 지 기

十(열 **십**) + 年(해 **년**) + 知(알 **지**) + 己(몸 **기**)
오래 전부터 사귀어 온 친구.

一刻千金
일 각 천 금

一(한 **일**) + 刻(새길 **각**) + 千(일천 **천**) + 金(쇠 **금**)
극히 짧은 시각도 그 귀중하고 아깝기가 천금과 같음.

作心三日
작 심 삼 일

作(지을 **작**) + 心(마음 **심**) + 三(석 **삼**) + 日(날 **일**)
'품은 마음이 사흘을 못 간다'는 뜻으로, 결심이 굳지
못함을 일컬음.

電光石火
전 광 석 화

電(번개 **전**) + 光(빛 **광**) + 石(돌 **석**) + 火(불 **화**)
'번개와 부싯돌의 불꽃'이라는 뜻으로, 번갯불이나 부싯
돌의 불이 번쩍이는 것처럼 몹시 짧은 시간, 또는 매우 빠
른 동작의 비유.

青山流水
청 산 유 수

青(푸를 **청**) + 山(메 **산**) + 流(흐를 **류·유**) + 水(물 **수**)
'푸른 산과 흐르는 물'이라는 뜻으로, 말을 거침없이 잘
하는 모양이나 그렇게 하는 말의 비유.

日	日					
날일	날일					

月	月					
달월	달월					

山	山					
메산	메산					

水	水					
물수	물수					

火	火					
불화	불화					

木	木					
나무목	나무목					

金								
쇠 금, 성 김	쇠 금, 성 김							

土								
흙 토	흙 토							

東								
동녘 동	동녘 동							

西								
서녘 서	서녘 서							

南								
남녘 남	남녘 남							

北								
북녘 북, 달아날 배								

8급 한자 다시 쓰기

一						
한 일	한 일					

二						
두 이	두 이					

三						
석 삼	석 삼					

四	四					
넉 사	넉 사					

五	五					
다섯 오	다섯 오					

六						
여섯 륙	여섯 륙					

七							
일곱 칠	일곱 칠						

八							
여덟 팔	여덟 팔						

九							
아홉 구	아홉 구						

十							
열 십	열 십						

父							
아비 부	아비 부						

母							
어미 모							

兄	兄						
형 형	형 형						

弟	弟						
아우 제	아우 제						

大							
큰 대	큰 대						

韓	韓						
한국/나라 한	한국/나라 한						

民	民						
백성 민	백성 민						

國	國						
나라 국	나라 국						

學	學						
배울 학	배울 학						

校	校						
학교 교	학교 교						

敎							
가르칠 교	가르칠 교						

室	室						
집 실	집 실						

女	女						
계집 녀	계집 녀						

王							
임금 왕	임금 왕						

8급 한자 다시 쓰기

先	先					
먼저 선	먼저 선					
生	生					
날 생	날 생					
軍	軍					
군사 군	군사 군					
人	人					
사람 인	사람 인					
青	青					
푸를 청	푸를 청					
白	白					
흰 백	흰 백					
長	長					
긴 장	긴 장					

小	小						
작을 소	작을 소						

中	中						
가운데 중	가운데 중						

外	外						
바깥 외	바깥 외						

萬	萬						
일만 만	일만 만						

年	年						
해 년	해 년						

寸	寸						
마디 촌	마디 촌						

門	門						
문 문	문 문						

쉽게 따는 8급 배정 한자 50자

校	教	九	國	軍
학교 교	가르칠 교	아홉 구	나라 국	군사 군
金	南	女	年	大
쇠 금, 성 김	남녘 남	계집 녀	해 년	큰 대
東	六	萬	母	木
동녘 동	여섯 륙	일만 만	어미 모	나무 목
門	民	白	父	北
문 문	백성 민	흰 백	아비 부	북녘 북, 달아날 배
四	山	三	生	西
넉 사	메 산	석 삼	날 생	서녘 서
先	小	水	室	十
먼저 선	작을 소	물 수	집 실	열 십
五	王	外	月	二
다섯 오	임금 왕	바깥 외	달 월	두 이
人	一	日	長	弟
사람 인	한 일	날 일	긴 장	아우 제
中	靑	寸	七	土
가운데 중	푸를 청	마디 촌	일곱 칠	흙 토
八	學	韓	兄	火
여덟 팔	배울 학	한국/나라 한	형 형	불 화

한자능력검정시험 안내

주 관	사단법인 한국어문회
시 행	한국한자능력검정회
구 분	• 교육급수 : 8급 · 7급 · 6급Ⅱ · 6급 · 5급 · 4급Ⅱ · 4급
	• 공인급수 : 3급Ⅱ · 3급 · 2급 · 1급
급수별 합격기준	1급은 출제 문항수의 80% 이상, 2급~8급은 70% 이상 득점하면 합격입니다.

급수별 합격 기준	8급	7급	6급Ⅱ	6급	5급	4급Ⅱ	4급	3급Ⅱ	3급	2급	1급
출제 문항수	50	70	80	90	100	100	100	150	150	150	200
합격 문항수	35	49	56	63	70	70	70	105	105	105	160
시험 시간(분)					50				60		90

유형별 출제 문항수

• 상위급수 한자는 모두 하위급수 한자를 포함하고 있습니다.

• 쓰기 배정 한자는 한두 아래 급수의 읽기 배정 한자이거나 그 범위 내에 있습니다.

• 아래의 출제 유형 기준표는 기본 지침 자료로서 출제자의 의도에 따라 약간의 차이가 있을 수 있습니다.

유형별 출제 문항수	8급	7급	6급Ⅱ	6급	5급	4급Ⅱ	4급	3급Ⅱ	3급	2급	1급
읽기 배정 한자	50	150	225	300	500	750	1,000	1,500	1,817	2,355	3,500
쓰기 배정 한자	0	0	50	150	300	400	500	750	1,000	1,817	2,005
독 음	24	32	32	33	35	35	32	45	45	45	50
훈 음	24	30	29	22	23	22	22	27	27	27	32
장단음	0	0	0	0	0	0	3	5	5	5	10
반의어	0	2	2	3	3	3	3	10	10	10	10
완성형	0	2	2	3	4	5	5	10	10	10	15
부 수	0	0	0	0	0	3	3	5	5	5	10
동의어	0	0	0	2	3	3	3	5	5	5	10
동음이의어	0	0	0	2	3	3	3	5	5	5	10
뜻풀이	0	2	2	2	3	3	3	5	5	5	10
약 자	0	0	0	0	3	3	3	3	3	3	3
한자쓰기	0	0	10	20	20	20	20	30	30	30	40

※ 이 외에 한국한자급수자격평가원 검정시험, 대한민국한자급수자격검정회 검정시험, 한국외국어자격평가원 검정시험 등이 있습니다.

[제1회] 한자능력검정시험 8급 예상 문제

1. 다음 글을 읽고 밑줄 친 漢字(한자)의 讀音(독음:한자의 음)을 쓰세요.(1~16)

예 字 → 자

저는 父母님께 人사드린 후 學校에 가는 中입니다.
　　 1 2 　 3 　　　　 4 5 　　　 6

저희 집은 學校에서 西쪽으로 東大門 근처에 위치하고 있습니다.
　　　　　　　　　　 7 　　　 8 9 10

學校 校門에 들어서면 國기 게양대에서 태극기가 펄럭이고 敎室에 들어가
　　　　　　　　 11 　　　　　　　　　　　　　　　　　 12 13

친구들과 반갑게 人사하고 先生님을 기다리며 수업 준비를 합니다.
　　　　　　　　　　　 14 15

우리 先生님은 女자 先生님입니다.
　　　　　　　 16

1 父 [　]	2 母 [　]
3 人 [　]	4 學 [　]
5 校 [　]	6 中 [　]
7 西 [　]	8 東 [　]
9 大 [　]	10 門 [　]
11 國 [　]	12 敎 [　]
13 室 [　]	14 先 [　]
15 生 [　]	16 女 [　]

2. 다음에 알맞은 漢字(한자)를 〈예〉에서 찾아 그 번호를 쓰세요.(17~30)

예
① 九 ② 小 ③ 二 ④ 寸 ⑤ 七 ⑥ 水 ⑦ 女
⑧ 六 ⑨ 軍 ⑩ 萬 ⑪ 四 ⑫ 一 ⑬ 土 ⑭ 八

17 한 일 [   ]   18 여덟 팔 [   ]

19 여섯 륙 [   ]   20 아홉 구 [   ]

21 마디 촌 [   ]   22 일곱 칠 [   ]

23 넉 사 [   ]   24 군사 군 [   ]

25 계집 녀 [   ]   26 흙 토 [   ]

27 두 이 [   ]   28 작을 소 [   ]

29 일만 만 [   ]   30 물 수 [   ]

3. 다음 漢字(한자)의 訓(훈:뜻)과 音(음:소리)을 쓰세요.(31~42)

예	音 → 소리 음

31 日 [   ]   32 十 [   ]

33 山 [   ]   34 金 [   ]

35 木 [   ]   36 三 [   ]

37 五 [   ]   38 長 [   ]

39 韓 [   ]   40 弟 [   ]

41 王 [   ]   42 生 [   ]

4. 다음 밑줄 친 낱말의 뜻에 알맞은 漢字(한자)를 〈예〉에서 찾아 그 번호를 쓰세요.(43~48)

예	① 兄 ② 外 ③ 月 ④ 年 ⑤ 靑 ⑥ 火

지난 해 우리는 학교 밖에 나가 푸른 잔디밭에서 체험 학습을 하고, 밤에는
43   44   45

불을 피워 놓고 달 구경을 하는데 형이 찾아왔습니다.
46   47   48

43 해　[　　　]　　　44 밖·바깥 [　　　　]

45 푸른 [　　　]　　　46 불　　　[　　　　]

47 달　[　　　]　　　48 형　　　[　　　　]

5. 다음 漢字(한자)의 진하게 표시한 획은 몇 번째 쓰는지 〈예〉에서 찾아 그 번호를 쓰세요.(49~50)

| 예 | ① 첫 번째　② 두 번째　③ 세 번째　④ 네 번째
⑤ 다섯 번째　⑥ 여섯 번째　⑦ 일곱 번째　⑧ 여덟 번째 |

49  [　　　]

50  [　　　]

[제2회] 한자능력검정시험 8급 예상 문제

1. 다음 글을 읽고 밑줄 친 漢字(한자)의 讀音(독음:한자의 음)을 쓰세요.(1~15)

예	音 → 음

十月 一日은 國軍의 날이고, 十月 九日은 세종大王께서 한글을 반포하신
  1 2 3 4   5   6
한글날입니다.

지난 토요일 中學生인 外四 寸兄이 찾아와 우리 兄弟 二남 一女와 父母님은
            7 8   9 10   11 12 13 14 15
형을 반갑게 맞이하였다.

1 十 [　　　]		2 月 [　　　]	
3 一 [　　　]		4 日 [　　　]	
5 軍 [　　　]		6 九 [　　　]	
7 中 [　　　]		8 生 [　　　]	
9 四 [　　　]		10 寸 [　　　]	
11 弟 [　　　]		12 二 [　　　]	
13 女 [　　　]		14 父 [　　　]	
15 母 [　　　]			

2. 다음 漢字(한자)의 訓(훈:뜻)과 音(음:소리)을 쓰세요.(16~23)

예	人 → 사람 인

16 七 [　　　　　　]   17 西 [　　　　　　　]

18 先 [   ]   19 萬 [   ]

20 門 [   ]   21 金 [   ]

22 韓 [   ]   23 土 [   ]

3. [ ] 속에 알맞은 漢字(한자)를 〈예〉에서 찾아 그 번호를 쓰세요.(24~32)

| 예 | ①年 ②人 ③敎 ④八 ⑤六 ⑥三 ⑦室 ⑧長 ⑨南 |

24 가르치다 [   ]   25 석(셋) [   ]

26 여덟   [   ]   27 해   [   ]

28 남녘   [   ]   29 여섯   [   ]

30 집   [   ]   31 긴   [   ]

32 사람   [   ]

4. 다음 글을 읽고 밑줄 친 말에 해당하는 漢字(한자)를 〈예〉에서 찾아 그 번호를 쓰세요.(33~48)

| 예 | ①白 ②王 ③國 ④校 ⑤木 ⑥小 ⑦大 ⑧水 ⑨靑 ⑩東 ⑪學 ⑫民 ⑬兄 ⑭山 ⑮北 ⑯外 |

우리 <u>학교</u> 뒤뜰에는 <u>작은</u> 꽃나무와 <u>푸르고</u> <u>큰</u> <u>나무</u>들이 심어져 있으며, <u>북쪽</u>
　　　33　　　　　　　34　　　　　　　35　　36　37　　　　　　　　　　　　38

에는 높은 <u>산</u>이 있고, <u>동쪽</u> 들판 위쪽으로 <u>물</u>이 가득한 저수지가 있습니다.
　　　　　39　　　　40　　　　　　　41

나는 <u>형</u>과 함께 학교에서 <u>배운</u> 것을 복습한 후 <u>바깥</u>으로 놀러 나갑니다.
　　42　　　　　　　　43　　　　　　　　44

우리 <u>백성</u>들은 옛날부터 <u>흰</u>옷을 즐겨 입으며 <u>나라</u>를 굳건히 지키고 훌륭한
　　45　　　　　　　46　　　　　　　　47

<u>임금</u>을 섬겼습니다.
48

33 학교 [　　　]	34 작다 [　　　]
35 푸르다 [　　　]	36 크다 [　　　]
37 나무 [　　　]	38 북쪽 [　　　]
39 산 [　　　]	40 동쪽 [　　　]
41 물 [　　　]	42 형 [　　　]
43 배우다 [　　　]	44 바깥 [　　　]
45 백성 [　　　]	46 희다 [　　　]
47 나라 [　　　]	48 임금 [　　　]

5. 다음 漢字(한자)의 진하게 표시한 획은 몇 번째 쓰는지 〈예〉에서 찾아 그 번호를 쓰세요. (49~50)

예	① 첫 번째　② 두 번째　③ 세 번째　④ 네 번째 ⑤ 다섯 번째　⑥ 여섯 번째　⑦ 일곱 번째　⑧ 여덟 번째

49 　[　　　]

50 　[　　　]

[제1회] 한자능력검정시험 8급 실전 문제

1. 다음 밑줄 친 말에 해당하는 漢字(한자)를 〈예〉에서 찾아 그 번호를 쓰세요.(1~10)

예		
① 校 ② 國 ③ 南 ④ 年 ⑤ 東		
⑥ 母 ⑦ 父 ⑧ 山 ⑨ 生 ⑩ 西		

동쪽 바다와 서쪽 바다, 백두산도 아름다운 우리나라 강산입니다.
　1　　　　2　　　　　　3　　　　　　　　　　　　4

해마다 남쪽에서 봄바람이 불면 만물이 새롭게 나고 우리는 학교에서 공부를
5　　6　　　　　　　　　　　　　　　　　　　　7　　　　8

열심히 합니다.

그리고 집에서는 아버지와 어머니, 온 가족이 행복하게 살고 있습니다.
　　　　　　　　9　　　　10

1 동쪽 [　　　] 　2 서쪽 [　　　]

3 산 [　　　] 　4 나라 [　　　]

5 해 [　　　] 　6 남쪽 [　　　]

7 나다 [　　　] 　8 학교 [　　　]

9 아버지 [　　　] 　10 어머니 [　　　]

2. 다음 글을 읽고 ( ) 안의 漢字(한자)의 讀音(독음:한자의 음)을 쓰세요.(11~20)

예	
音 → 음	

(三)(月) (一)(日), 삼일절 (萬)세운동은 우리의 (先)조들이 (外)세에 맞서

(大)(韓)(民)국의 독립을 만천하에 알린 뜻깊은 기념일입니다.

11 三 [   ]   12 月 [   ]

13 一 [   ]   14 日 [   ]

15 萬 [   ]   16 先 [   ]

17 外 [   ]   18 大 [   ]

19 韓 [   ]   20 民 [   ]

3. 다음 말에 알맞은 漢字(한자)를 〈예〉에서 찾아 그 번호를 쓰세요.(21~30)

| 예 | ① 中　② 土　③ 火　④ 兄　⑤ 七 |
| | ⑥ 弟　⑦ 學　⑧ 寸　⑨ 八　⑩ 青 |

21 불　　[   ]   22 형　　[   ]

23 배우다 [   ]   24 여덟　[   ]

25 흙　　[   ]   26 일곱　[   ]

27 마디　[   ]   28 푸르다 [   ]

29 가운데 [   ]   30 아우　[   ]

4. 다음 漢字(한자)의 訓(훈:뜻)이나 音(음:소리)을 〈예〉에서 찾아 그 번호를 쓰세요.(31~38)

| 예 | ① 문　　② 백　　③ 목　　④ 군 |
| | ⑤ 여섯　⑥ 교　　⑦ 녀(여)　⑧ 아홉 |

31 教 [   ]   32 九 [   ]

33 軍 [   ]   34 白 [   ]

35 女 [   ]   36 六 [   ]

37 木 [   ]   38 門 [   ]

5. 다음 漢字(한자)의 訓(훈:뜻)과 音(음:소리)을 쓰세요. (39~48)

예	天 → 하늘 천

39 人 [   ]   40 二 [   ]

41 五 [   ]   42 十 [   ]

43 室 [   ]   44 水 [   ]

45 小 [   ]   46 四 [   ]

47 北 [   ]   48 金 [   ]

6. 다음 漢字(한자)의 진하게 표시한 획은 몇 번째 쓰는지 〈예〉에서 찾아 그 번호를 쓰세요. (49~50)

예	① 첫 번째 ② 두 번째 ③ 세 번째 ④ 네 번째 ⑤ 다섯 번째 ⑥ 여섯 번째 ⑦ 일곱 번째 ⑧ 여덟 번째

49  [   ]

50  [   ]

1. 다음 글을 읽고 ( ) 안의 漢字(한자)의 讀音(독음:한자의 음)을 쓰세요.(1~16)

예	天 → 천

(五)(月) 5(日) 어린이날을 맞이하여 (學)(校)에서 운동회를 하였습니다.

많은 학(父)(兄)과 동네 어른들이 (靑)군과 (白)군으로 나뉘어 (先)(生)님들과

함께 줄다리기도 하였습니다.

운동장에는 (萬)(國)기가 펄럭였고, 나는 (一)등을 하였는데 영수는 (三)등을

하였고 내 동생은 (二)등을 하였습니다.

1	五 [ ]		2	月 [ ]
3	日 [ ]		4	學 [ ]
5	校 [ ]		6	父 [ ]
7	兄 [ ]		8	靑 [ ]
9	白 [ ]		10	先 [ ]
11	生 [ ]		12	萬 [ ]
13	國 [ ]		14	一 [ ]
15	三 [ ]		16	二 [ ]

2. 다음 밑줄 친 말에 해당하는 漢字(한자)를 〈예〉에서 찾아 그 번호를 쓰세요.(17~32)

예	① 年 ② 中 ③ 十 ④ 小 ⑤ 山 ⑥ 東 ⑦ 外 ⑧ 母
	⑨ 八 ⑩ 土 ⑪ 木 ⑫ 大 ⑬ 水 ⑭ 室 ⑮ 門 ⑯ 弟

나는 동생(아우)과 함께 어머니를 따라 성 문 밖에 있는 외할머니댁에 다녀
　 　 　 17　 　 　 　 　 18　 　 　 　 　 19 20

왔습니다.

외할머니댁은 우리집에서 동쪽으로 물을 건너고 산을 넘어 크고 작은 나무
　 　 　 　 　 21　 　 　 22　 　 23　 　 　 　 24　 　 25 26 27

숲을 지나야 있습니다.

길가에는 열 명도 넘는 농사꾼들이 흙을 일구어 밭을 가꾸는 가운데 송아지
　 　 　 28　 　 　 　 　 　 　 　 29　 　 　 　 　 　 30

도 엄마소를 따라다녔습니다.

새해가 되면 동생은 여덟 살이 됩니다.
　 　 31　 　 　 　 　 32

17 동생(아우) [　　]	18 어머니 [　　]
19 문 [　　]	20 밖(바깥) [　　]
21 집 [　　]	22 동쪽 [　　]
23 물 [　　]	24 산 [　　]
25 크다 [　　]	26 작다 [　　]
27 나무 [　　]	28 열 [　　]
29 흙 [　　]	30 가운데 [　　]
31 해 [　　]	32 여덟 [　　]

3. [　] 속에 알맞은 漢字(한자)를 〈예〉에서 찾아 그 번호를 쓰세요.(33~40)

| 예 | ① 寸　　② 西　　③ 王　　④ 火 |
| | ⑤ 人　　⑥ 七　　⑦ 韓　　⑧ 長 |

　　　　33 한국/나라 [　　]　　　34 불 [　　]

35 일곱 [ ]	36 마디 [ ]
37 긴 [ ]	38 사람 [ ]
39 임금 [ ]	40 서쪽 [ ]

4. 다음 漢字(한자)의 訓(훈:뜻)과 音(음:소리)을 쓰세요. (41~48)

41 四 [ ]	42 民 [ ]
43 六 [ ]	44 南 [ ]
45 軍 [ ]	46 九 [ ]
47 敎 [ ]	48 女 [ ]

5. 다음 漢字(한자)의 진하게 표시한 획은 몇 번째 쓰는지 〈예〉에서 찾아 그 번호를 쓰세요. (49~50)

예	① 첫 번째 ② 두 번째 ③ 세 번째 ④ 네 번째 ⑤ 다섯 번째 ⑥ 여섯 번째 ⑦ 일곱 번째 ⑧ 여덟 번째

49  [   ]

50  [   ]

[제3회] 한자능력검정시험 8급 실전 문제

1. 다음 글을 읽고 ( ) 안의 漢字(한자)의 讀音(독음:한자의 음)을 쓰세요.(1~16)

예	字 → 자

(大)(韓)(民)(國)의 가을은 풍성합니다.

음력으로 (八)(月)(十)(五)(日)은 추석입니다.

우리 (兄)(弟)는 (一)남 (二)(女)로 (父)(母)님과 함께 삽니다.

1 大 [   ]   2 韓 [   ]

3 民 [   ]   4 國 [   ]

5 八 [   ]   6 月 [   ]

7 十 [   ]   8 五 [   ]

9 日 [   ]   10 兄 [   ]

11 弟 [   ]   12 一 [   ]

13 二 [   ]   14 女 [   ]

15 父 [   ]   16 母 [   ]

2. 다음 밑줄 친 말에 해당하는 漢字(한자)를 〈예〉에서 찾아 그 번호를 쓰세요.(17~32)

예	① 室 ② 人 ③ 小 ④ 六 ⑤ 木 ⑥ 外 ⑦ 生 ⑧ 南 ⑨ 中 ⑩ 水 ⑪ 門 ⑫ 靑 ⑬ 校 ⑭ 土 ⑮ 山 ⑯ 敎

하늘은 푸르고 산 너머 남쪽에서 부는 바람은 집 안에서 바깥으로 나가게 합
　　　　17　 18　　　 19　　　　　　　　　　　 20　　　 21

니다.

우리는 친구들 여섯 명과 뒷동산 황토흙 길을 걸으며 새로 난 새싹을 찾기
　　　　　　 22　　　　　　 23　　　　　　 24

도 하고, 나무숲과 계곡물 흐르는 곳에 앉아 크고 작은 조약돌을 찾았습니다.
　　　　　 25　　 26　　　　　　　　　　 27

학교 교문에 들어서면 선생님의 가르침을 열심히 배우는 가운데 사람다운
28　 29　　　　　　　　　　 30　　　　　　　 31

사람이 되고자 노력합니다.
32

17 푸르다 [　　]		18 산　　　 [　　]
19 남쪽　 [　　]		20 집　　　 [　　]
21 바깥(밖) [　　]		22 여섯　 [　　]
23 흙　　 [　　]		24 나다　 [　　]
25 나무　 [　　]		26 물　　 [　　]
27 작다　 [　　]		28 학교　 [　　]
29 문　　 [　　]		30 가르치다 [　　]
31 가운데 [　　]		32 사람　 [　　]

3. [ ] 속에 알맞은 漢字(한자)를 〈예〉에서 찾아 그 번호를 쓰세요.(33~40)

예	① 王	② 先	③ 西	④ 三
	⑤ 火	⑥ 七	⑦ 寸	⑧ 長

33 불　　 [　　]		34 일곱　 [　　]
35 마디　 [　　]		36 긴　　 [　　]
37 임금　 [　　]		38 먼저　 [　　]
39 서녘　 [　　]		40 석(셋) [　　]

4. 다음 漢字(한자)의 訓(훈:뜻)과 音(음:소리)을 쓰세요. (41~48)

예	字 → 글자 자

41 四 [   ]   42 北 [   ]

43 白 [   ]   44 東 [   ]

45 年 [   ]   46 金 [   ]

47 軍 [   ]   48 九 [   ]

5. 다음 漢字(한자)의 진하게 표시한 획은 몇 번째 쓰는지 〈예〉에서 찾아 그 번호를 쓰세요. (49~50)

예	① 첫 번째 ② 두 번째 ③ 세 번째 ④ 네 번째 ⑤ 다섯 번째 ⑥ 여섯 번째 ⑦ 일곱 번째 ⑧ 여덟 번째

49  [   ]

50  [   ]

[제1회] 한자능력검정시험 8급 예상 문제 - 답안지

■ 사단법인 한국어문회 · 한국한자능력검정회　　※8급 과정을 마친 후 예상 문제 답을 이곳에 쓰세요.　　■ 8 0 1 ■

수험번호 ☐☐☐ - ☐☐ - ☐☐☐☐　　　　　성명 ☐☐☐☐☐

주민등록번호 ☐☐☐☐☐☐ - ☐☐☐☐☐☐☐　※유성 싸인펜, 붉은색 필기구 사용 불가.

※ 답안지는 컴퓨터로 처리되므로 구기거나 더럽히지 마시고, 정답 칸 안에만 쓰십시오. 글씨가 채점란으로 들어오면 오답처리가 됩니다.

제　회 전국한자능력검정시험 8급 답안지(1)　　(시험시간 50분)

번호	답안란 정답	채점란 1검	채점란 2검	번호	답안란 정답	채점란 1검	채점란 2검
1				13			
2				14			
3				15			
4				16			
5				17			
6				18			
7				19			
8				20			
9				21			
10				22			
11				23			
12				24			

감독위원	채점위원(1)		채점위원(2)		채점위원(3)	
(서명)	(득점)	(서명)	(득점)	(서명)	(득점)	(서명)

제　회 전국한자능력검정시험 8급 답안지(2)

번호	정답	1검	2검	번호	정답	1검	2검
25				38			
26				39			
27				40			
28				41			
29				42			
30				43			
31				44			
32				45			
33				46			
34				47			
35				48			
36				49			
37				50			

[제2회] 한자능력검정시험 8급 예상 문제 – 답안지

■ 사단법인 한국어문회 · 한국한자능력검정회　　※8급 과정을 마친 후 예상 문제 답을 이곳에 쓰세요.

수험번호 □□□ - □□ - □□□□　　　　성명 □□□□□

주민등록번호 □□□□□□ - □□□□□□□　　※유성 싸인펜, 붉은색 필기구 사용 불가.

※ 답안지는 컴퓨터로 처리되므로 구기거나 더럽히지 마시고, 정답 칸 안에만 쓰십시오. 글씨가 채점란으로 들어오면 오답처리가 됩니다.

제　회 전국한자능력검정시험 8급 답안지(1)　　(시험시간 50분)

번호	답안란 정답	채점란 1검	채점란 2검	번호	답안란 정답	채점란 1검	채점란 2검
1				13			
2				14			
3				15			
4				16			
5				17			
6				18			
7				19			
8				20			
9				21			
10				22			
11				23			
12				24			

감독위원	채점위원(1)		채점위원(2)		채점위원(3)	
(서명)	(득점)	(서명)	(득점)	(서명)	(득점)	(서명)

※ 답안지는 컴퓨터로 처리되므로 구기거나 더럽히지 마시고, 정답 칸 안에만 쓰십시오.
글씨가 채점란으로 들어오면 오답처리가 됩니다.

제　회 전국한자능력검정시험 8급 답안지(2)

번호	정답	1검	2검	번호	정답	1검	2검
25				38			
26				39			
27				40			
28				41			
29				42			
30				43			
31				44			
32				45			
33				46			
34				47			
35				48			
36				49			
37				50			

[제1회] 한자능력검정시험 8급 실전 문제 - 답안지

■ 사단법인 한국어문회 · 한국한자능력검정회　　　※8급 과정을 마친 후 실전 문제 답을 이곳에 쓰세요.　　■ 8 0 1 ■

수험번호 □□□ - □□ - □□□□　　　　　　　성명 □□□□□

주민등록번호 □□□□□□ - □□□□□□□　　※유성 싸인펜, 붉은색 필기구 사용 불가.

※ 답안지는 컴퓨터로 처리되므로 구기거나 더럽히지 마시고, 정답 칸 안에만 쓰십시오. 글씨가 채점란으로 들어오면 오답처리가 됩니다.

제　회 전국한자능력검정시험 8급 답안지(1)　　(시험시간 50분)

번호	답안란 정답	채점란 1검	2검	번호	답안란 정답	채점란 1검	2검
1				13			
2				14			
3				15			
4				16			
5				17			
6				18			
7				19			
8				20			
9				21			
10				22			
11				23			
12				24			

감독위원	채점위원(1)		채점위원(2)		채점위원(3)	
(서명)	(득점)	(서명)	(득점)	(서명)	(득점)	(서명)

제　회 전국한자능력검정시험 8급 답안지(2)

번호	답안란 정답	채점란 1검	2검	번호	답안란 정답	채점란 1검	2검
25				38			
26				39			
27				40			
28				41			
29				42			
30				43			
31				44			
32				45			
33				46			
34				47			
35				48			
36				49			
37				50			

■ 사단법인 한국어문회 · 한국한자능력검정회 　　※8급 과정을 마친 후 실전 문제 답을 이곳에 쓰세요. 　　■ 8 0 1 ■

수험번호 □□□ - □□ - □□□□ 　　　　성명 □□□□□

주민등록번호 □□□□□□ - □□□□□□□ 　※유성 싸인펜, 붉은색 필기구 사용 불가.

※ 답안지는 컴퓨터로 처리되므로 구기거나 더럽히지 마시고, 정답 칸 안에만 쓰십시오. 글씨가 채점란으로 들어오면 오답처리가 됩니다.

제　회 전국한자능력검정시험 8급 답안지(1) 　(시험시간 50분)

번호	정답 (답안란)	1검 (채점란)	2검	번호	정답 (답안란)	1검 (채점란)	2검
1				13			
2				14			
3				15			
4				16			
5				17			
6				18			
7				19			
8				20			
9				21			
10				22			
11				23			
12				24			

감독위원	채점위원(1)		채점위원(2)		채점위원(3)	
(서명)	(득점)	(서명)	(득점)	(서명)	(득점)	(서명)

※ 답안지는 컴퓨터로 처리되므로 구기거나 더럽히지 마시고, 정답 칸 안에만 쓰십시오.
글씨가 채점란으로 들어오면 오답처리가 됩니다.

제　회 전국한자능력검정시험 8급 답안지(2)

번호	정답	1검	2검	번호	정답	1검	2검
25				38			
26				39			
27				40			
28				41			
29				42			
30				43			
31				44			
32				45			
33				46			
34				47			
35				48			
36				49			
37				50			

[제3회] 한자능력검정시험 8급 실전 문제 - 답안지

■ 사단법인 한국어문회 · 한국한자능력검정회   ※8급 과정을 마친 후 실전 문제 답을 이곳에 쓰세요.   ■801■

수험번호 □□□ - □□ - □□□□   성명 □□□□□

주민등록번호 □□□□□□ - □□□□□□□   ※유성 싸인펜, 붉은색 필기구 사용 불가.

※ 답안지는 컴퓨터로 처리되므로 구기거나 더럽히지 마시고, 정답 칸 안에만 쓰십시오. 글씨가 채점란으로 들어오면 오답처리가 됩니다.

제   회 전국한자능력검정시험 8급 답안지(1)   (시험시간 50분)

번호	답안란 정답	채점란 1검	채점란 2검	번호	답안란 정답	채점란 1검	채점란 2검
1				13			
2				14			
3				15			
4				16			
5				17			
6				18			
7				19			
8				20			
9				21			
10				22			
11				23			
12				24			

감독위원	채점위원(1)		채점위원(2)		채점위원(3)	
(서명)	(득점)	(서명)	(득점)	(서명)	(득점)	(서명)

※ 답안지는 컴퓨터로 처리되므로 구기거나 더럽히지 마시고, 정답 칸 안에만 쓰십시오.
글씨가 채점란으로 들어오면 오답처리가 됩니다.

제   회 전국한자능력검정시험 8급 답안지(2)

번호	답안란 정답	채점란 1검	2검	번호	답안란 정답	채점란 1검	2검
25				38			
26				39			
27				40			
28				41			
29				42			
30				43			
31				44			
32				45			
33				46			
34				47			
35				48			
36				49			
37				50			

[제1회] 한자능력검정시험 8급 예상 문제 정답

1 부 **2** 모 **3** 인 **4** 학 **5** 교 **6** 중 **7** 서 **8** 동 **9** 대 **10** 문 **11** 국 **12** 교 **13** 실 **14** 선 **15** 생 **16** 여 **17** ⑫ **18** ⑭ **19** ⑧ **20** ① **21** ④ **22** ⑤ **23** ⑪ **24** ⑨ **25** ⑦ **26** ⑬ **27** ③ **28** ② **29** ⑩ **30** ⑥ **31** 날 일 **32** 열 십 **33** 메 산 **34** 쇠 금, 성 김 **35** 나무 목 **36** 석 삼 **37** 다섯 오 **38** 긴 장 **39** 한국/나라 한 **40** 아우 제 **41** 임금 왕 **42** 날 생 **43** ④ **44** ② **45** ⑤ **46** ⑥ **47** ③ **48** ① **49** ③ **50** ②

[제2회] 한자능력검정시험 8급 예상 문제 정답

1 시 **2** 월 **3** 일 **4** 일 **5** 군 **6** 구 **7** 중 **8** 생 **9** 사 **10** 촌 **11** 제 **12** 이 **13** 녀 **14** 부 **15** 모 **16** 일곱 칠 **17** 서녘 서 **18** 먼저 선 **19** 일만 만 **20** 문 문 **21** 쇠 금, 성 김 **22** 한국/나라 한 **23** 흙 토 **24** ③ **25** ⑥ **26** ④ **27** ① **28** ⑨ **29** ⑤ **30** ⑦ **31** ⑧ **32** ② **33** ④ **34** ⑥ **35** ⑨ **36** ⑦ **37** ⑤ **38** ⑮ **39** ⑭ **40** ⑩ **41** ⑧ **42** ⑬ **43** ⑪ **44** ⑯ **45** ⑫ **46** ① **47** ③ **48** ② **49** ③ **50** ④

[제1회] 한자능력검정시험 8급 실전 문제 정답

1 ⑤ **2** ⑩ **3** ⑧ **4** ② **5** ④ **6** ③ **7** ⑨ **8** ① **9** ⑦ **10** ⑥ **11** 삼 **12** 월 **13** 일 **14** 일 **15** 만 **16** 선 **17** 외 **18** 대 **19** 한 **20** 민 **21** ③ **22** ④ **23** ⑦ **24** ⑨ **25** ② **26** ⑤ **27** ⑧ **28** ⑩ **29** ① **30** ⑥ **31** ⑥ **32** ⑧ **33** ④ **34** ② **35** ⑦ **36** ⑤ **37** ③ **38** ① **39** 사람 인 **40** 두 이 **41** 다섯 오 **42** 열 십 **43** 집 실 **44** 물 수 **45** 작을 소 **46** 넉 사 **47** 북녘 북, 달아날 배 **48** 쇠 금, 성 김 **49** ⑦ **50** ③

[제2회] 한자능력검정시험 8급 실전 문제 정답

1 오 **2** 월 **3** 일 **4** 학 **5** 교 **6** 부 **7** 형 **8** 청 **9** 백 **10** 선 **11** 생 **12** 만 **13** 국 **14** 일 **15** 삼 **16** 이 **17** ⑯ **18** ⑧ **19** ⑮ **20** ⑦ **21** ⑭ **22** ⑥ **23** ⑬ **24** ⑤ **25** ⑫ **26** ④ **27** ⑪ **28** ③ **29** ⑩ **30** ② **31** ① **32** ⑨ **33** ⑦ **34** ④ **35** ⑥ **36** ① **37** ⑧ **38** ⑤ **39** ③ **40** ② **41** 넉 사 **42** 백성 민 **43** 여섯 륙 **44** 남녘 남 **45** 군사 군 **46** 아홉 구 **47** 가르칠 교 **48** 계집 녀 **49** ④ **50** ⑤

[제3회] 한자능력검정시험 8급 실전 문제 정답

1 대 **2** 한 **3** 민 **4** 국 **5** 팔 **6** 월 **7** 십 **8** 오 **9** 일 **10** 형 **11** 제 **12** 일 **13** 이 **14** 녀 **15** 부 **16** 모 **17** ⑫ **18** ⑮ **19** ⑧ **20** ① **21** ⑥ **22** ④ **23** ⑭ **24** ⑦ **25** ⑤ **26** ⑩ **27** ③ **28** ⑬ **29** ⑪ **30** ⑯ **31** ⑨ **32** ② **33** ⑤ **34** ⑥ **35** ⑦ **36** ⑧ **37** ① **38** ② **39** ③ **40** ④ **41** 넉 사 **42** 북녘 북, 달아날 배 **43** 흰 백 **44** 동녘 동 **45** 해 년 **46** 쇠 금, 성 김 **47** 군사 군 **48** 아홉 구 **49** ⑧ **50** ⑥

8급 배정 한자 50자 찾아보기